숙단사고

스탠퍼드처럼 생각하고
맥킨지처럼 행동하라

熟斷思考

| 숙단사고 |

스탠퍼드처럼 생각하고
맥킨지처럼 행동하라

Deliberate and Resolute Decisions

고모리야 구니오 지음

권누리 옮김

학고재

STANFORD · MCKINSEY DE MANANDEKITA JYUKUDAN SHIKOU
by
KUNIO KOMORIYA

ⓒ KUNIO KOMORIYA 2014
Originally published in Japan in 2014 by CrossMedia Publishing Inc., TOKYO.
Korean translation rights arranged with CrossMedia Publishing Inc., TOKYO,
through TOHAN CORPORATION, TOKYO, and Danny Hong Agency, SEOUL.
Korean Translation Copyright ⓒ Hakgojae Publishing Co. 2015

"이젠 스티브 잡스가 아니라 팀 쿡이다!"

이 책을 번역하면서 귀중한 교훈을 얻을 수 있었다. 천재가 아닌 평범한 사람도 제대로 된 훈련만 받는다면 다양한 의사 결정 과정에서 중요한 역할을 해 낼 수 있다는 것이다.

저자 고모리야 구니오(籠屋邦夫)는 스탠퍼드 대학과 맥킨지 앤드 컴퍼니에서 수많은 의사 결정 이론과 실제를 경험한 실력파 컨설턴트이자 컨설팅 회사의 대표로 일하는 인물이다.

그는 스티브 잡스의 뒤를 이어 애플의 CEO가 된 팀 쿡을 예로 들면서, 그가 잡스처럼 천재형도 아니면서 거대 조직을 전략적 차원에서 잘 이끌고 나가는 것에 주목했다. 저자는 "잡스가 천재였지만 영원하지는 않았다. 한 명의 천재에 의존하는 경영은 지극히 위험한 것이며, 잡스 자신도 만년에는 그것을 알았을 것이기에 쿡을 후계자로 지명한 것"이라고 설명한다.

저자는 지속 가능한 경영을 펼쳐 나가기 위해서는 애플의 스티브 잡스, 소프트뱅크의 손정의, 과거 소니의 모리타 아키오와 같은 천재를 목표로 해야 하는 것이 아니라 천재가 없어도 계속 돌아갈 수 있는, 확실한 성장이 가능한 조직을 만들어 가야 한다고 말하고 있다.

그러면서 조직의 중요한 결정을 내려야 할 때 스탠퍼드와 맥킨지에서 배우고 경험했던 방법, 이른바 '숙단사고'를 적용할 수 있다면 위기의 순간에도 충분히 대응해 낼 수 있다는 것이다.

저자의 말을 빌리자면 직장인이든 창업자든 결정을 해야 하는 순간과 맞닥뜨리게 된다. 이때 과연 어떤 선택을 하는 것이 가장 좋은 것인지를 두고 우리는 너무 오래 고민하거나 너무 쉽게 결정해 버리는 잘못을 범하곤 한다.

- 이 사람과 결혼할까?
- 직장을 옮길까? 옮긴다면 언제가 좋을까?
- 이사를 할까?
- 창업을 시도할까? 창업을 한다면 어떤 사업 분야를 선택해야 할까?
- 그냥 눌러 앉아 있는 게 나을까?

우리는 날마다 이런 선택을 강요당하며 산다. 무엇이 바람직한 선택이고 무엇이 나쁜 선택일까?

저자는 이렇게 지극히 사적인 선택에서도 합리적이며 객관적인 의사 결정 방법이 있다고 말한다. 그가 제시하는 심사숙고의 방법을 선택하면 가장 좋은 결론에 이를 수 있다는 것이다.

그는 독자들에게 "심사숙고할 것은 마땅히 심사숙고하되, 기간을 정해 데드라인 안에서 가장 합리적인 결론을 도출해 내라!"라고 강조하고 반대로 "심사숙고하지 말고 즉단즉결할 것을 오래 붙잡고 고민하는 잘못을 범하지 말라"라고 귀띔한다.

그러면서 저자는 일본의 피겨 스케이팅 선수 아사다 마오의 소치 동계 올림픽 경기에 대해 시뮬레이션한 결과를 공개하고 있다.

아사다 마오는 우리나라 김연아 선수의 라이벌로 한일 양국 국민이 동계 스포츠 때만 되면 그녀의 경기 결과에 큰 관심을 쏟았던 인물이다.

저자는 그녀가 어떤 결심으로, 어떤 조건을 만족시키는 선택의 경우를 심사숙고하여, 가장 만족스러운 결과를 얻었는지를 자세히 소개하고 있다.

2014년 2월 21일 소치 동계 올림픽 피겨 스케이팅 부문에서 김연아와 경쟁했던 아사다 마오는 6위로 뒤처졌지만 트리플 악셀에 성공하여 감동의 눈물을 흘렸다.

아사다 마오는 이날 경기에 임하기에 앞서 허리가 불편했던 것으로 알려져 있었다. 경기에 앞서 아사다 마오는

① 특기인 트리플 악셀에 도전할 것인가?

② 트리플 악셀에 도전하거나 회피하거나에 상관없이 연기를 완성도 높게 펼칠 것인가?

③ 트리플 악셀을 하지 않고 밴쿠버 동계 올림픽에서 획득하지 못했던 금메달을 획득할 것인가?

라는 세 가지 선택을 앞두고 있었다.

저자는 이날 소치 동계 올림픽에서 아사다 마오가 쉽게 경기해서 금메달을 따겠다는 생각보다 자신이 하고 싶은 트리플 악셀을 펼쳐 피겨 스케이팅에서 완벽한 연기를 보여준 사실에 주목했다.

그리고 그녀가 선택한 결정 과정을 '숙단사고(Deliberate and Resolute Decisions)'라는 의사 결정 방법으로 설명하고 있다.

저자는 이처럼 자신이 스탠퍼드에서 배우고 맥킨지에서 익혀 온 의사 결정 방법을 잘만 이용하면 큰 실패 없이 인생의 중요한 의사 결정을 할 수 있다고 소개하고 있다. 이 과정은 천재들만 할 수 있는 것이 아니고 누구라도 제대로 연구하고 익히기만 하면 가능하다는 점도 덧붙이고 있다.

독자 여러분께서는 이 책에서 그의 의사 결정 방법론을 쉽고 자세하게 배울 수 있을 것이다. 사례들 한 가지 한 가지가 그대로 일상에 적용할 만한 실사례라는 점에서 이 책을 끝까지 읽어 주시기를 기대한다.

2015년 가을에

권누리

머리말

숙단사고(熟斷思考)란 독자 여러분이 어떠한 중요한 과제와 마주했을 때 '허락된 시간적 제약, 즉 데드라인의 범위 안에서 그 문제를 신중하게 생각해서 질 높은 의사 결정을 하기 위한 사고 체계'를 말한다.

여러분이 앞으로 마주칠 중요한 일에 앞서 뭔가를 결정하고자 할 때 꼭 필요한 사고의 방법인 것이다.

여기서 '앞으로 마주칠 중요한 일'이란 기업이든 개인이든 미래의 사활이 걸린 문제들이다. 기업인에게는 사업 환경의 변화에 따른 사업 전략의 전환, 신규 사업의 진행, 연구 개발 테마의 기술이나 전략 제안 등을 말한다. 개인적으로는 인생의 중요한 사건인 진학, 취직, 결혼, 이직 등의 커리어 설계와 주택 마련, 부모님과 자신의 노후 문제까지도 포함한다.

사활이 걸린 문제들의 공통점은 다음과 같다.

① 불확실성을 기반으로 하고
② 여러 가지 선택지가 있으며
③ 어떠한 가치판단의 기준을 가지고 결정하느냐에 따라 결과가 크게 달라지고
④ 그 결정으로 인해 앞으로 자신이나 회사에 큰 영향을 끼칠 수 있다.

다시 말하면 숙단사고란 여러분이 어떠한 중요한 과제와 마주했을 때 정해진 시간 안에 관련한 문제를 신중하게 생각해서 질 높은 의사 결정을 하기 위한 사고 체계이다. 자세한 내용은 본문에서 언급하겠지만, 다음의 세 가지로 요약할 수 있다. 이것은 필자가 스탠퍼드 대학과 맥킨지 앤드 컴퍼니를 포함한 사회생활을 통해 배우고 겪은 지식과 체험과 생각을 근거로 한 것이다.

이 분야에 관심을 갖게 된 계기는 첫째, 대학 졸업 후 화학 제조 회사에 취직했을 때였다. 거기서 처음 맡은 연구 개발 테마가 사업 환경이 바뀌면서 경제적 합리성을 잃어 연구 개발이 중지되었다. 그때 '처음부터 적합한 테마를 설정해야 하며, 불확실성을 충분히 고려하여 프로젝트의 틀을 만드는 것이 중요

하다'는 것을 깨달았다. 그리고 이런 분야의 작업을 직접 해 보고 싶다는 생각을 하게 되었다. '불확실성을 가지고 사활이 걸린 문제와 마주쳤을 때의 중요성'을 진지하게 고민하게 된 것이다.

둘째, 스탠퍼드 대학에서 로널드 하워드(Ronald A. Howard) 교수로부터 배운 의사 결정 이론이다. 화학 제조 회사의 경험을 통해 미래의 불확실성을 직시하고 어떠한 방법으로 의사를 결정하면 좋은지 알고 싶었다. 그런 상황에서 만난 것이 하워드 교수의 '의사 결정 이론'이었고 나는 그 자리에서 이것이야말로 '딱 맞는 이론!'이라는 생각을 하게 되었다. 이것이 지금 필자가 자신 있게 추천하는, 실천적 의사 결정 체계인 디시전 매니지먼트 즉 이 책에서 소개하는 숙단사고의 기본이 된 것이다.

셋째, 맥킨지에서 습득한 전략 사고인 로지컬 싱킹(logical thinking)[1]의 기초와 그 한계를 아는 것이다. 스탠퍼드를 나온 후 이직을 하여 맥킨지에서 다양한 컨설팅 업무를 경험했다. 그곳에서는 '현재와 곧 있을 미래에 중요한 것'에 대한 로지컬 싱킹의 힘을 이해하고 익힐 수 있었으며, 그동안 문제의식을 갖고 있던 '사활이 걸린 문제'를 실행할 때 부딪힐 수 있는 한계에 대해서 실무를 접하며 깨달을 수 있었다.

여러분이 숙단사고의 방법을 배우기만 한다면 많은 것을 얻

---

1) 맥킨지의 대표적인 사고방식. 논리적 사고를 통해 효율적인 의사 결정을 내릴 수 있는 기법이다. 이하 모든 주는 옮긴이의 주이다.

을 수 있을 것이다. 숙단사고는 무엇보다 '불확실성을 가진 사활이 걸린 문제와 마주쳤을 때 가장 중요한 결과물을 거두어들일 수 있는 방법'이다.

이 방법이라면 천재가 아닌 보통의 사람들도 사활이 걸린 문제에 대해 적합한 의사 결정을 할 수 있게 된다. 달리 이야기하면 이 방법은 산수 문제의 방정식과 같은 것일 수도 있다. 조직을 운영하기 위해서는 의사 결정을 하는 것뿐 아니라 그러한 결단을 내리게 된 근거를 다른 구성원들에게 이해시켜서 함께 해 나가야 하지 않겠는가?

회사나 조직, 사회의 지속적인 발전을 위해서는 천재적인 아이디어를 채택해서 톱다운(top-down)[2] 방식으로 '즉단즉결'하는 것보다, 차분하게 깊이 생각하여 구성원들의 지혜와 지식을 모아 그것을 모두 활용하는 '숙단사고'가 효과적이고 실용적이다. 숙단사고야말로 조직 전체를 설득시킬 수 있고 경영진은 물론 태스크포스팀이나 직원들의 의견일치를 이끌어 내서 보다 질 높은 의사 결정과 실행에 도달할 수 있는 것이다.

지금까지 필자는 컨설팅과 연수를 통해 약 1만 3천 명 이상의 경영자와 직장인들에게 숙단사고를 소개해 왔다. 클라이언트가 고민 중인 전략 과제들에 대해서도 숙단사고를 적용했

---

2) 계층의 가장 상위 레벨부터 시작해서 점차 하위 레벨로 진행하여 내려오는 방식.

으며 3천 명 가까운 클라이언트에게 피드백을 보낸 결과 그들로부터 많은 도움이 되었다는 리뷰를 얻었다. '숙단사고'는 아직은 조금 낯선 사고 체계이지만 의사 결정의 한 획을 그을 수 있는 좋은 방법이며 중요한 하나의 의사 결정 체계로서 계속 진화하고 있다.

우선 이 책의 서장에서 필자가 숙단사고에 도달하게 된 과정과 경험들, 그리고 숙단사고의 의사 결정법이 즉단즉결의 의사 결정법과 어떻게 다른지 설명하기로 한다. 본문 1장에서 6장까지 숙단사고의 중요한 포인트를 하나씩 설명하면서 구체적인 도움을 드릴 것이다.

또 6개의 장을 각각 해설 파트와 사례 연구 파트로 나누어 보았다. 해설 파트에서는 숙단사고의 방법론과 사고법을 설명하고, 사례 연구 파트에서는 가공의 인물을 주인공으로 해서 현실성 있는 사례를 숙단사고로 풀어 보는 기회를 만들었다. 해설 파트에서 배운 내용을 복습하면서 자신이라면 어떠한 결단을 할지 생각하며 읽는다면 여러분께 큰 도움이 될 것이라고 장담한다.

자세한 내용은 본문에서 다루겠지만, 숙단사고는 후회 없는 선택으로 미래를 행복하게 하기 위한 21세기 최적의 의사 결정 방법이다. 이 책을 통해 여러분이 숙단사고를 온 몸으로 익혀 성공을 거머쥐는 데 도움이 될 수 있기를 바란다.

차례

(서장) 스탠퍼드와 맥킨지에서 배운 것

(1장) 과제를 나열하고 큰 판을 보라

서장

스탠퍼드와 맥킨지에서 배운 것

The Lesson from
Stanford and McKinsey

숙단사고는 기존의 문제 해결 방법들과 어떻게 다르며 무엇이 좋을까?
숙단사고의 6요소를 차근차근 따라가다 보면
천재가 아닌 보통 사람도 얼마든지 최선의 결정을 내릴 수 있다.

'SWOT 분석'과 로지컬 싱킹으로는 답 못 구한다

기업과 조직 생활에서 만나는 여러 가지 난제들을 해결하기 위해 다양한 해법들이 시도되고 있다. 최근 비즈니스 업계에서는 여러 가지 문제 분석을 전문적으로 하는 컨설턴트가 이런 문제들의 해결사로 등장하고 있기도 하다. 이들은 3C[3]와 4P,[4] 5F[5] 분석, SWOT 분석과 로지컬 트리(logical tree) 등 어

---

3) 고객(Customer), 경쟁사(Competitor), 자사(Company)라는 경영상 중요한 이해관계가 있는 3자의 관점에서 분석하여 균형 잡힌 경영 전략을 수립하는 것을 말한다.
4) 효과적인 마케팅을 위한 네 가지 핵심 요소로 상품(Product), 가격(Price), 유통(Place), 홍보(Promotion)를 말한다. 이를 어떻게 잘 혼합하느냐에 따라 마케팅 효과를 극대화할 수 있다.
5) 5세력 모형(5 Forces Model). 마이클 포터의 모형이 가장 널리 사용되는데, 그는 전통적 경쟁자, 신규 시장 진입자, 대체재, 고객, 공급자라는 5개의 세력이 기업의 미래를 좌우한다고 보았다.

디선가 들어 본 듯한 혹은 이미 여러 번 경험해 본 프레임워크 (framework)를 이용하여 문제 해결을 하려고 한다. 실제로 이 책의 독자 중에서도 이미 자신의 비즈니스 문제를 이 같은 프레임워크를 사용하여 해결한 사람도 있을 것이다.

필자는 이런 사회적 추세에 불안한 점이 한 가지 있다고 말하고 싶다. 그것은 바로 프레임워크를 이용해도 해결되지 않는 문제나 과제가 분명히 있음에도 불구하고 그것이 알려지지 않은 채 남용되고 있다는 것이다. 예를 들면 비즈니스에서는 다음과 같은 과제와 마주칠 때가 있는데 로지컬 싱킹만으로는 해결되지 않는 과제이다.

① 상사에게 신규 사업과 관련된 제안을 요구받았으나, 어디서부터 어떻게 손을 대야 할지 모른다. 몇 가지 안건은 있지만 이것으로 정말 괜찮을지, 어느 정도 틀은 정리되었으나 애초에 이 사업이 수익을 낼 수 있을지 모르겠다.

② 신소재 개발에 몰두하고 있는데, 상사는 '기술적 접근만이 아니라 그 기술로 어떠한 제품 서비스를 만들어 낼 수 있는지, 어떻게 시장을 노려야 하는지, 비즈니스 모델은 어떻게 할 것인지도 고안하라'고 지시한다. 고려해야 할 것이 너무 많아서 머리가 터질 지경이다!

③ 업계에서는 몇 년 전부터 확장되고 있으나 우리 회사는 지금까지 관여하지 않았던 B2C 신규 사업이 생각했던 것보다 상황이 좋지

않다. 성장시켜서 흑자를 만들어야 하지만, 어떻게 해야 좋을지 모르겠다. 차라리 접는 것이 좋지 않을까? 확신이 서지 않는다.

④ 아시아 신흥 성장 시장에서 싸우기 위해서는 대형 설비 투자를 해야 한다. 투자를 하지 않으면 앞서 가고 있는 경쟁사를 당해 낼 수 없다. 그러나 경쟁이 치열하여 가격이 하락할 우려가 있다. 그럼에도 대형 투자를 계속 진행해야 할 것인가?

위와 같은 과제를 즉단즉결(卽斷卽決)하기란 어렵다. 즉단 즉결은 문제가 생기면 즉시 해결책을 찾아 이를 시행하는 것이다. 그러니 이것이 생각보다 훨씬 어렵다는 것을 누구나 다 알고 있다.

- 이미 정한 시책을 실행한다고 하더라도 미래의 상황 변화와 불확실성에 따라 그 결과가 크게 바뀔 수 있다는 것을 감안해야 한다.
- 결정해야 할 사항이 너무 많아서 무수히 많은 선택지가 생긴다.
- 어떠한 기준에 따라 선택해야 할지 모른다.

맥킨지 혹은 BCG (Boston Consulting Group) 같은 대형 컨설팅 회사에서 사용하는 로지컬 싱킹이나 프레임워크는, 현재와 가까운 미래에 관련된 다양한 정보나 이해 관계자[6]의 발언과 식견을 모아서 분석하는 정보 수집, 정보 분석의 툴이다.

예를 들어, SWOT 분석을 하면 자사의 강점이나 약점, 외부의 찬스나 위협을 생각한 후에 도출한 '이러한 일이 발생할 수 있다', '이렇게 하는 것이 좋겠다'는 아이디어를 얻어낼 수 있다. 확실히 이러한 프레임은 유용하다. 그러나 처음부터 사실을 기반으로 했다 하더라도 정보 수집과 분석이 잘되지 않았거나 애초에 어려운 경우도 많이 있다. 대기업 M&A의 경우에도 안건 자체를 이러한 전제하에 진행시키고 있다.

이처럼 로지컬 싱킹에도 한계는 있다. 로지컬 싱킹으로는 '이렇게 하는 것이 좋겠다'는 정도만 알 수 있으며 '실제 이것을 해야 할 것인가?', '구체적으로 어떻게 해야 할 것인가?'에 대한 대답은 얻을 수 없다.

'즉단즉결' 신화의 끝: '천재사고'와 '숙단사고'의 차이

필자가 연수나 컨설팅에서 만나 온 대기업의 중견 간부 대부분은 맥킨지나 BCG가 제공하는 로지컬 싱킹이나 프레임워크를 정식으로 배우지 않고서도 어느 정도 구사할 수 있을 것이다. 직장 생활을 통해 차근차근 쌓아 온 경험에서 다양한 정

---

6) 스테이크홀더(stakeholder). 이해 당사자, 이해 관계자라는 말로서, 기업의 경우 주주 등을 일컫는다. 요즘은 기업의 역할과 책임이 넓어지면서 스테이크홀더도 다양하게 변화하고 있다.

보를 반사적으로 판단하고 답을 내리는 힘이 몸에 배어 있기 때문이다. 기업에서 대리 정도의 선에서 해결할 수 있는 과제는 그것만으로도 충분하다. 그러나 그러한 분들도 지위가 한 단계 올라가면, 지금까지 해 왔던 방법이 갑자기 통하지 않아서 당황하게 된다. 이것을 깨닫지 못하고 지금까지 해 왔던 판단 기준으로 업무를 해 나가려는 분들도 있다. 하지만 정말 실력이 우수한 분들은 그 시점에서 다시 새롭게 로지컬 싱킹과 프레임워크를 체계적으로 배우기 시작한다. 그 후 앞에서 열거한 ①~④의 과제에 그것들을 적용한다.

그런데 대부분의 경우는 이렇게 노력해서 만든 신규 사업이나 사업의 방향성에 대한 리포트를 상사에게 보이면 십중팔구 이런 대답을 듣게 된다.

"현재의 상황은 잘 알겠어. 아주 잘한 분석이야. 그런데 자네 같으면 이것으로 무엇을 하면 좋을지 생각해 보았나? 그런 구체적인 해답이 없잖아. 이것만으로는 의미가 없어."

실제 필자가 컨설팅하고 있는 기업의 중간 관리직 절반 이상이 이런 식의 반응을 접하고 있었다.

로지컬 싱킹에 대한 오해는, 로지컬 싱킹으로 사실 기반의 정보를 모으고 분석하면 자동적으로 문제의 본질과 해결 방

결단의 인식 단계

LEVEL 1	· 무의식적으로 로지컬 싱킹을 사용한다. · 대부분 즉단즉결로 업무를 처리한다. · PDCA[7]를 사용하는 것 이외의 업무 처리 방법을 모른다.
LEVEL 2	· 프레임워크를 사용하여 문제 해결을 꾀한다. · 전략안의 도입부까지는 제법 훌륭하다. · 구체적인 전략을 순간적인 감과 아이디어에 의존한다.
LEVEL 3	· 로지컬 싱킹으로 풀리지 않는 과제를 명확히 인식하고 있다. · 풀 수 없는 과제는 구체적인 선택지를 설정하여 불확실성과 가치관을 고려하여 해결할 수 있다. · 선택의 근거를 설명할 수 있으며 조직을 움직일 수 있다.

법을 알 수 있을 거라는 전제하에 이를 그대로 받아들인다는 것이다. 즉, 로지컬 싱킹이 만능 도구라고 생각하는 것이다. 그러나 앞에서 언급한 상사의 피드백처럼 그것만으로는 '그래서 어떻게 할 생각인가?'와 같은 질문을 만족시킬 수 없다는 점을 명심하자.

물론 다양한 정보를 모아서 분석한 통찰력으로 어느 정도 확실한 대답을 찾을 수 있는 경우도 있다. 예를 들어 현재 사

---

7) 계획(Plan)→실행(Do)→확인(Check)→조치(Action)의 사이클. 품질관리 부문 등에서 주로 사용한다.

업을 어떻게 개선할 것인가와 같은 문제는 로지컬 싱킹이 매우 적합하다. 그러나 앞의 ①～④와 같은 과제는 로지컬 싱킹만으로는 역부족이다. 지금까지 그 한계에 대한 문제점을 필자 외에 별로 지적한 사람이 없었던 것으로 기억한다.

로지컬 싱킹의 단점을 조금은 알고 있는 사람도 있다. 경험을 통해 "그래서 어떻게 할 생각인가?"라는 질문의 포인트를 이해하고는 구체적인 전략을 구상하지 않으면 아무 의미가 없다는 것을 경험과 느낌으로 알 수 있는 사람들이다.

즉, 이들은 무의식적으로라도 ①～④와 같은 사활이 걸린 문제에 대한 프레임워크는 전략을 구상하기 위한 자극제에 지나지 않다는 사실을 이미 알고 있다. 따라서 프레임워크를 자극제로 하여, 뭔가 가슴이 뛸 만한 전략 구상을 만들겠다고 필사적으로 생각한다. 그렇게 접근해 가다 보면 이들 ― 대략 레벨 2 중에서도 높은 레벨에 속하는 분들 ― 은 상사와 전략 구상에 대해 이야기할 때 이런 식의 다양한 질문을 만나게 될 것이다.

"좋아, 훌륭해. 흥미로운걸. 하지만 자네가 말한 전략 구상으로는 구체적으로 비즈니스 모델을 어떻게 할 것인지에 대한 설명이 부족해. 더 구체적인 방법을 찾아봐!"

"어떤 사업 영역을 노리는가. 사업 영역은 어떻게 분할해 갈 것인가. 어떤 판매 방법을 구상 중인가. 스스로 할 것인가. 아니면 어딘가와 제휴를 맺을 것인가 등의 비즈니스 모델이 아직 정해지지 않았어. 이것을 어떻게 하느냐에 따라서 경영 자원의 배분이 크게 달라지게 돼. 더 찾아보고 연구해서 보고해."

"이것들을 실제로 실현하기 위해서는 구체적으로 어떻게 할 계획인가, 즉 사람, 상품, 돈이 얼마나 필요한지 말해 줬으면 좋겠네. 그리고 그 성과로 몇 년 동안 얼마의 판매액과 이익이 생길 것이라고 예상해? 수치로 보여주면 좋겠어."

"이 정도 보고서로는 흥분되기도 하지만 긴장되기도 하네. 어떠한 리스크가 있으며, 그것은 어느 정도 심각한 것이며, 리스크를 피해 가기 위해서는 어떻게 하면 되는지 알 수 있게 해 줘."

즉 높은 레벨의 전략 구상으로 상사를 흥분시켜 한 걸음 더 나아간 진지한 질문을 이끌어 낼 수는 있겠지만, 이러한 보다 심층적인 질문을 만족시킬 보고서를 내놓지 못한다면 프로젝트가 시작될 수 없다.

그리고 사실 안타까운 일이지만 보다 높은 레벨의 로지컬 싱킹과 프레임워크를 활용하고 깊이 고민했다고 하더라도 솔직히 즉각적인 해답에는 도달할 수 없다. 이것은 로지컬 싱킹

천재사고와 숙단사고의 차이

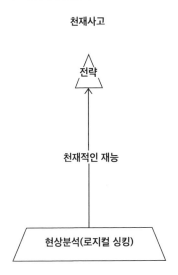

· 논리적인 비약이 있고 재현성이 없다
· 조직을 생각한 대로 움직이기 위해서는 카리스마가 필요하다
· 특정인의 천재성에 의존하는 접근이므로 조직의 장기적인 지속성에는 기여하지 않는다
· 한정된 사람만 사용할 수 있다

· 왜 그 답에 도달했는지 설명이 가능하다
· 누구든 이해 가능하며 조직 구성원들을 납득시킬 수 있다
· 이 방식을 지속적으로 개인적, 조직적으로 사용할 수 있다
· 누구나 사용 가능하다

으로 모은 재료로 전략 구상을 짜게 되면, 번뜩이는 아이디어와 기발한 상상력이 필요하기 때문이다. 심지어 앞에서 말한 다양한 질문을 단번에 대답할 수 있을 정도의 퀄리티 높은 대답을 프레임워크에서 찾아내는 것은 어지간한 천재가 아니면 어려울 것이다. 즉, 로지컬 싱킹은 현재나 가까운 미래의 '문제'에는 큰 도움이 될 수 있지만, 앞으로 중요한 '사활이 걸린 문제'에는 역부족이라고 말할 수 있다.

그렇다면 어떻게 해야 인정받는 전략 구상을 실현할 수 있을까. 필자는 '사활이 걸린 문제 = 과제'에 몰두하기 위한 실천적인 노하우를 찾기 위해 노력해 왔다. 필자가 이 책에서 소개하는 숙단사고는 바로 이러한 상황에 도움이 될 수 있는 사고 방법이다.

4년간 몰두해 온 프로젝트가 중지되다

여기에서 필자가 어떻게 숙단사고에 이르게 되었는지 그 배경에 대해서 설명하고 싶다. 필자가 처음 취직한 곳은 화학 제조 분야의 대기업으로 그곳에서 연구 개발 기술자로 일했다. 당시에는 그저 맡겨진 일만 했지 회사와 사업 전체의 사정은 생각할 수 없었다. 그러던 중에 필자가 처음으로 담당을 맡아

4년간 연구해 온 프로젝트가 경제 상황 변화에 따라 경제성이 너무 낮다는 판단이 나와서 돌연 중지되어 버렸다.

지금에 와서야 필자도 '개발 프로젝트 중지'는 흔히 일어날 수 있는 일이라고 이해할 수 있지만, 당시에는 인생을 걸고 4년이라는 귀중한 시간을 쏟아 부은 프로젝트가 알 수 없는 이유로 중지되는 것을 납득할 수 없었다. 프로젝트 자체는 10년 정도 전부터 시작된 것으로 그 당시부터 연관된 많은 사람들의 노고와 그 프로젝트에 쏟아 부은 시간을 생각하니 더욱 참을 수가 없었다.

왜 그런 일이 일어났는지 이해하기 위해서는 처음부터 어떤 테마로 어떻게 기술을 개발하여 어떤 식으로 사업을 진행하려 했는지에 대한 전체적인 모습을 되짚어 볼 필요가 있었다. 그러기 위해 필자가 관여하고 있는 기술개발의 불확실성뿐 아니라 현재의 경제 상황에 대한 불확실성까지도 파악해 봐야 했다. 바둑을 복기하듯이 이렇게 하나 둘 사업 전반을 살피다 보니 단순히 기술자만의 시점이 아닌, 좀 더 넓은 시야로 사업을 파악하고 관여해야 한다는 것을 알았다. 그래서 필자는 실력을 좀 더 쌓고자 이를 계기로 스탠퍼드 대학에 유학하기로 했다.

스탠퍼드와 맥킨지

스탠퍼드 대학에서는 의사 결정론의 아버지 로널드 하워드(Ronald A. Howard) 교수를 스승으로 모셨다. 그분에게서 불확실성을 기반으로 얼마나 납득할 수 있는 의사 결정을 내릴 수 있는가에 대한 구체적인 노하우를 배웠다. 졸업 후에는 하워드 교수가 세운 컨설팅 회사에 들어갈 수도 있었지만, 필자스스로가 느끼기에는 '비즈니스에 대한 문제의식이 전보다 커졌을 뿐이지 실제로 비즈니스에 직접 관여한 적은 없었다'는 점이 걸리기 시작했다.

기업에서 일하긴 했지만 엔지니어로 일을 했기 때문에 필자는 비즈니스의 기본을 제대로 익히지 않으면 지금껏 배워 온 것을 활용하지 못할 것이라는 데에 생각이 미쳤다. 그래서 유학을 마치고 돌아온 필자는 친정이던 화학 제조 회사에도 스승이신 하워드 교수의 회사에도 들어가지도 않았다.

오히려 조금 다른 방향을 잡았다. 당시 크게 주목받기 시작하던 컨설팅 회사 맥킨지 앤드 컴퍼니에 입사했다. 물론 이직하겠다고 의사표시를 하고 행동에 옮기면서 지금까지 기업 파견의 형태로 스탠퍼드에 유학을 허가해 준 화학 제조 회사에 대한 미안함, 유학 비용을 변제해야 하는 경제적 부담감, 이직한 곳에서 얼마나 성공할 수 있을지에 대한 불확실성과 그것이 수반하는 리스크 등 숙단사고가 정말로 필요한 순간들이 많았지만 지면 관계상 생략한다.

맥킨지 앤드 컴퍼니에서는 로지컬 싱킹과 프레임워크의 구체적 방법론 그리고 실제 현장 경영을 어떻게 파악해야 하는지 그 기본을 철저하게 공부했다. 동시에 맥킨지에서 맡았던 경영 과제를 통해서 필자가 처음 문제의식을 가졌던 '불확실성을 바탕으로 사활이 걸린 문제의 의사 결정을 어떻게 할 것인가'라는, 내가 아주 중요하다고 느꼈던 본질적인 요소가 생각했던 만큼 나오지 않는다는 것을 알게 되었다.

또 그런 과제와 마주치면서 제일 처음 프레임워크와 로지컬 트리를 사용하여 전략 구상을 만들어 내기까지 '구체적으로 어떻게 그 일을 해 나갈 것인지? 리스크를 포함하여 그것이 정말 득이 되는 것인지?'와 같은 의문에 답을 내리는 것은 컨설턴트의 '탁월한 재능'에만 맡겨져 있었다. 천재적인 상사나 동료는 어떨지 모르지만, 적어도 평범한 필자 입장에선 그렇게 생각할 수밖에 없었다.

그런데 미안하게도 다른 컨설팅 회사의 업무를 살펴보아도 그야말로 '탁월한 재능'을 제공할 만한 일류 컨설턴트는 거의 없는 것 같다. 그러므로 클라이언트가 착각하여 그저 평범한 이들의 전략을 서둘러 어설프게 채택하는 것은 대단히 위험한 일이다. 왜냐하면 그 전략은 탁월한 재능에서 나온 것이라기

보다 운 좋게 나온 행운일 수 있기 때문이다.

그러니 평범한 컨설턴트의 충고를 듣는 것은 얼마나 어리석고 위험한 일인가.

의사 결정론과 '로지컬 싱킹'의 융합

경험이 쌓이면서 머릿속 안개도 점차 걷혀졌다. 맥킨지에서 배운 로지컬 싱킹에 스탠퍼드에서 배운 의사 결정론을 융합시킨다면 '사활이 걸린 과제'에 대해 훨씬 효과적으로 대처할 수 있을 것 같다는 생각에 이르렀다. 그래서 스탠퍼드로 다시 돌아가기로 결정했고 이 방면의 최고 전문가인 하워드 교수의 컨설팅 회사에서 10년간 일하게 되었다. 그리고 실제로 기업에 도움이 될 가치 있는 컨설팅을 제공하기 위해 로지컬 싱킹과 의사 결정론을 융합한 방법론을 만들어 갔다. 이렇게 해서 태어난 것이 '숙단사고'의 디시전 매니지먼트(decision management)이다.

필자는 그 10년간 미국을 거점으로 한 유럽, 일본의 유수 기업들과 일을 하며, 일본 기업들이 전략 레벨에서 의사 결정 능력과 의식이 상당히 약하다는 것을 깨달았다.

숙단사고 방법론은 필자가 독립하기 전이었던 과거의 컨설턴트 시절과 비교할 때 압도적으로 많은 프로젝트에 적용되고 있다. 이 때문에 이 부문과 관련된 많은 기업들이 이를 찾고 배우고 경험하고 있다. 이에 필자는 이 노하우를 다른 이들이 실천할 수 있도록 도와주면서 숙단사고를 전파해 가고 있다.

숙단사고의 메커니즘: 디시전 매니지먼트의 6요소

이렇게 만들어진 숙단사고란 확실하게 정보를 모아 분석하여 선택지를 설정하고 그 후의 결과에 영향을 끼치는 불확실성까지 포함하여 충분히 고려한 뒤에 최종적으로 의사 결정을 내리도록 결단하는 '숙려단행(熟慮斷行)의 사고법'이다.

이에 앞서 우리들이 직면하는 다양한 과제의 특징은 다음과 같이 세 가지 형태로 분류할 수 있다.

- **선택지로 고민하는 경우**

  어느 쪽으로 진행해야 할까? 어떤 것을 골라야 할까?

  어떻게 해야 옳은 것일까?

- **불확실 요인으로 고민하는 경우**

  만일 경기가 나빠지면 어쩌지? 우리 회사는 어떻게 될까?

- **가치판단 척도로 고민하는 경우**

  만약 내가 이렇게 하면 파트너는 기뻐할까?

  가족들은 곤란해 할까?

  현실에서 부딪히는 대부분의 문제는, 어떤 한 가지에서 기인한 것이 아니라 이 세 가지가 복합적으로 얽힌 것이 대부분이다. 기존의 로지컬 싱킹에서는, 이것을 체계적으로 해결할 수 없었지만 '선택지', '불확실 요인', '가치판단 척도'로 정리하고 각각 분석하여 통합하는 것이 숙단사고인 것이다.

  다음의 여섯 가지 포인트는 숙단사고의 본질적 요소이다.

① 현재 고민하는 일과 과제를 리스트업하고 전체의 상황을 파악한다

  처음부터 과제를 어떤 식으로 직면하고 있는지, 정말로 고민해야 하는 과제인지, 고민 방식이 올바른 것인지를 검증한다. 여러 가지 과제를 동시에 직면했을 때는 그것들 모두를 리스트업해서 각각의 관계성을 파악한 후에 우선순위를 매긴다. 그런 후 가장 중요한 과제를 정해서 그것부터 검증해 나가야 한다.

② 각각의 과제에 프레임을 설정한다

  ①에서 리스트업했던 우선순위가 높은 과제가 '언제, 어떻게 되면 좋을지' 등의 내용으로 위시 리스트를 만들어 거기에 맞

숙단사고(디시전 매니지먼트)의 6요소

① 고민하는 것과 과제의 리스트업, 전체 상황을 파악

② 각각의 과제에 프레임을 설정

③ 구체적인 복수의 선택지를 검증

④ 불확실 요인을 명시적으로 다룬다

⑤ 가치판단 척도의 인식과 트레이드오프의 판단

⑥ ①~⑤를 통합한 최종적인 의사 결정에 돌입

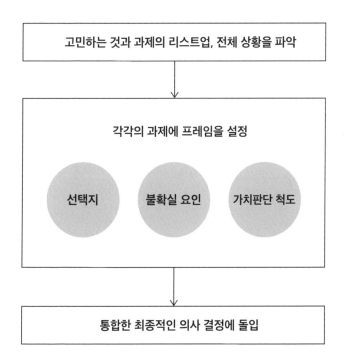

취 자신이 결정해야 하는 것은 무엇인지, 스스로 컨트롤할 수 있는 것은 무엇인지, 걱정되는 것은 무엇인지, 마음에 걸리는 것은 무엇인지를 리스트업한다.

③ 구체적인 복수의 선택지를 검증한다

좁은 틀에 갇히지 않고 시야를 넓혀서 실제로 자신이 할 수 있는 행동은 어떤 것이 있는지를 창조적으로 생각해 나간다.

④ 불확실 요인을 명확히 다룬다

각각의 선택지를 실행했을 때 결과에 크게 영향을 미치는 불확실 요인으로는 어떤 것이 있을지를 리스트업한다. 그리고 각각의 불확실 요인은 어느 정도의 확률로 어떠한 일이 일어날지를 생각한다.

⑤ 가치판단 척도의 인식과 트레이드오프(trade off)를 판단한다

선택지를 선택할 때 어떤 것을 기준으로 선택할지를 생각한다. 대부분의 경우는 복수의 선택 기준(수익성과 안전성 등)이 도마 위에 올라오게 되고, 그와 동시에 달성할 수 없는 트레이드오프와의 관계도 드러나게 된다. 이러한 경우에 어떤 것을 우선으로 할지는 최종적으로 의사 결정자의 판단에 의해 결정된다.

디시전 트리

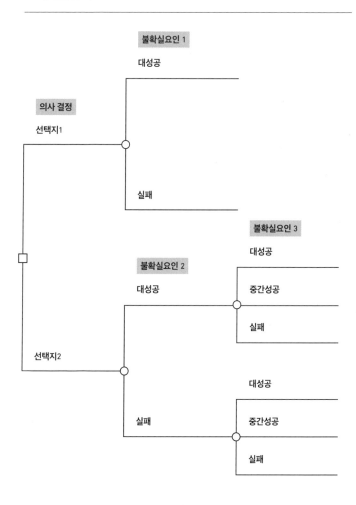

불확실요인 1

대성공

의사 결정

선택지1

실패

불확실요인 3

대성공

불확실요인 2

대성공

중간성공

실패

선택지2

대성공

실패

중간성공

실패

⑥ 지금까지의 ①~⑤를 통합한 최종적인 의사 결정에 들어간다

지금까지의 단계를 거친 디시전 트리(decision tree)[8]를 이용하여 선택지의 불확실 요인의 시나리오와 그것에 대한 기대치를 계산한다. 그 진폭을 고려하여 설정한 가치판단 척도를 기준으로 해서 의사 결정을 한다. (디시전 트리에 대해서는 6장에서 자세히 설명하겠지만, 41쪽 그림을 참조하기 바란다.)

이 여섯 가지 단계를 거쳐서 결정한다면 아무리 복잡한 과제라도 누구든지 확실하게 후회 없는 최고의 선택지에 도달할 수 있다. 필자가 숙단사고를 '누구든지 확실하게'라고 자신 있게 말할 수 있는 근거가 한 가지 있다.

숙단사고는 스탠퍼드 대학에서 하워드 교수로부터 배운 의사 결정 이론을 기반으로 만든 것으로, '전략과 매니지먼트는 엔지니어링할 수 있다'는 교수님의 가르침에 감명을 받았다. 하워드 교수는 '천재적인 재능에 의지하지 않아도 지혜와 지식과 공부만으로 천재들이 더듬어 올라간 길을 로지컬하게 검증할 수 있으며, 때로는 더 훌륭한 의사 결정을 할 수 있다'는 것을 가르쳐주었다.

---

8) 의사 결정 분지도(分枝圖)를 말한다. 전략·방법 등을 나뭇가지 모양으로 그린 것이다.

숙단하면 백전불태(百戰不殆): 반성은 있어도 후회는 없다

인간이 성장하기 위해서는 '반성은 해도 후회는 하지 않는 것'이 중요하다. 반성은 또 다른 도전에 에너지원이 되어 준다. 그러나 후회는 항상 따라다니며 다시 도전을 하려고 할때 마다 방해가 된다. 물론 인간은 어쩔 수 없이 후회를 하게 된다. 많은 이들이 자신의 인생에 만족하지 못하는 이유는 후회를 껴안고 살아가기 때문일 것이다. 후회를 한다는 것은 과거에 했던 의사 결정이 좋지 않았다는 것을 의미한다. 이러한 비극을 막기 위해서는 디시전 매니지먼트를 몸에 익혀서 후회하지 않는 멘탈과 그렇게 되기 위한 기술을 익혀야 한다.

여섯 가지 포인트 중에는 최선이라고 생각되는 결단을 했더라도 좋지 않은 결과를 얻을 수 있다는 전제조건과 불확실성을 밝혀내기 위한 프로세스가 포함되어 있다.

숙단사고는 혹시 모를 상황이 일어난다는 조건과 그때의 예상을 확실하게 해 두는 것을 포함하고 있기 때문에 최고의 결과가 나오지 않더라도 '그럴 가능성까지 충분히 알고 최선의 결정을 내렸다'고 납득할 수 있게 된다. 이 의사 결정은 결과가 좋지 않게 나와도 반드시 '반성'을 하게 되어 있다. 그리고 이 반성이 다음에 하게 될 의사 결정의 에너지원이 되어 새로운 상황에 힘찬 한 걸음을 내딛을 수 있게 하는 것이다.

참고로 필자가 '실패'라는 단어를 사용하지 않고 '결과가 좋지 않게 나와도'라고 돌려서 말한 것은, 확실한 의사 결정을 했다고 해도 불확실성의 시나리오가 자신에게 불리한 방향으로 가거나 '일단은 괜찮겠지'라고 생각했던 전제가 무너져서 아쉬운 결과가 나오게 되는 일이 어쩔 수 없이 생기기 때문이다. 예를 들어, 심사숙고하여 집을 짓기로 결정하고 착공을 했는데 엄청난 천재지변이 일어나는 것과 같다. 필자는 이와 같은 경우와 확실하게 의사 결정을 하지 않고 억지로 어떤 일을 시작하여 좋지 않은 결과가 나오는 것(=이것이 바로 '실패'이다)을 구별하는 것은 매우 중요하다고 생각한다.

'좋은 의사 결정에 실패는 없다(A good decision never fails).'

필자는 이 책을 통해 여러분이 '반성은 해도 후회는 하지 않고 앞으로 발전해 나갈 수 있도록' 조금이나마 도움을 드리고 싶다. 필자의 의견에 찬성하시는 분은 이 책의 내용을 깊이 읽고 숙지하여 숙단사고에 의한 의사 결정을 매일 습관화하여 주시기 바란다.

의사 결정 과제의 세 가지 레벨

필자는 평소에 숙단사고를 몸에 익히도록 돕는 연수와 컨설팅을 진행하고 있다. 클라이언트는 기업 경영자인 경우도 있지만 대부분이 관리직의 중견 간부이다. 이러한 임직원들에게 요구되는 것은, 한 개의 부서나 복수의 부서를 하나로 결집시켜 통합 프로젝트를 진행하는 일이다. 이때 머릿속에 그리고 있는 내용을 누구든지 이해할 수 있는 형태로 표현해야 한다. 숙단사고는 다양한 논리로 그 내용을 단단하게 만들어 가는 것이기 때문에 누구든지 '확실히 그렇다'고 납득할 만한 답을 도출할 수 있다. 이것이 숙단사고의 큰 장점이다.

결단을 내리는 일은 그 과제의 크기나 추상 정도에 따라

· 미션 레벨
· 전략 레벨
· 오퍼레이션 레벨

의 세 가지 레벨로 분류할 수 있다.

오퍼레이션 레벨은 쉽게 이야기하면 평사원부터 과장들이 일상적으로 하는 업무이다. 이것은 지금까지 일본 기업이 가

장 잘해 온 것으로, 현장의 제품 디자인이나 제조 공정의 최적화, 마케팅 플랜과 같은 PDCA 사이클을 재빨리 회전시키는 것이다. 고도 경제 성장기처럼 선진국 따라잡기를 실행하던 시대라면 이것을 그저 잘 마무리하기만 하면 충분했다.

이에 반해 첫 번째 미션 레벨은 기업 경영자가 생각하고 있는 것이다. 기업 이념이나 CSR[9]이라는 일종의 관념적, 개념적인 요소라는 점이 이 레벨의 특징이다. 여러 경영자가 『논어』나 『손자』, 마쓰시타 고노스케(松下幸之助)의 저서로 배우는 것이 여기에 해당한다.

전략 레벨이 약한 일본

일본 기업에서 극단적으로 약한 것이 가운데에 있는 '전략 레벨'의 의사 결정이다.

이것은 주로 과장 등 중견 리더들이 하게 되는 의사 결정으로, 현장에 나가 듣는 정보 또는 톱에서 내려온 지시를 기초로 경영 자원을 어떻게 투입할지를 결단하는 것이다.

과장급이 하는 의사 결정이라고는 했지만, 과장이 직접 즉

9) CSR (Corporate Social Responsibility). 기업 활동에 영향을 받거나 영향을 주는 직간접적 이해 관계자에 대해 법적, 경제적, 윤리적 책임을 감당하는 경영을 말한다.

단즉결할 수 있는 문제가 아니라 상사의 허가가 필요한 과제이다. 이 전략 레벨의 의사 결정은 원래는 대표가 결단해야 하는 것이다. 그러나 일본 기업의 대부분은 수동적인 의사 결정 스타일을 가지고 있다. 기업의 대표는 '좋다', '나쁘다'는 코멘트만 하려는 태도를 보이기 때문에 실무 과장이 의사 결정에 큰 영향을 미치는 경우도 많다. 이것 자체도 문제이지만, 많은 일본 기업에서는 이 전략 레벨을 심도 있게 의논하는 데에 상당히 약한 편이다.

예를 들어

• 톱다운 식의 명령 계통으로, 리스크 분석도 하지 않은 채 경영자의 말 한마디에 프로젝트가 실행된다.

• 현장주의의 그릇된 적용으로, 오랜만에 개발부가 신소재를 개발했다고 해서 깊이 검토하지도 않고 신제품 개발을 시작한다.

실제로 이런 일이 종종 발생한다.

일본에서 컨설턴트가 중용되기 시작한 것도 원래는 이 전략 레벨이 만들어 내는 의사 결정의 구멍을 막기 위한 것이었다. 그러나 이 레벨을 의논함에 있어서도 대기업 컨설팅 회사나 유명 컨설턴트가 '정말로 올바른 제안을 한 것인지'가 의문이다. 앞에서 이야기했듯이, 컨설턴트가 사용하는 프레임워크는 현상 정보 수집과 정보 분석을 위한 도구이다. 그 분석을 통해 얻은 결과만 파고 들면 자동적으로 답이 나오는 종류의 문제에는 충분한 효과를 발휘한다. 그러나 이노베이션이나 사업 구조의 혁신과 같은 난제의 경우에는 대략의 방향성이나 전략 착상 정도에는 활용할 수 있지만 보다 구체적이고 높은 레벨의 전략을 만드는 데는 충분하지 않다. 그러므로 컨설턴트가 그러한 인식이 없거나 부족한 부분을 채울 수 있는 번뜩이는 아이디어를 낼 천재성도 없으면서 한 번에 높은 레벨의 전략을 생각하려고 한다면 대부분은 제대로 된 의견을 낼 수가 없다. 클라이언트 회사의 직원들이 생각지도 못했던 의견을 말한다면 우선 평가는 올라갈 수 있다. 그러나 결과적인 해결책이 없는 이러한 난처한 상황은 피해야 한다.

오마에 겐이치와 스티브 잡스: 언제까지 천재에 기댈 텐가?

단순히 놀라움을 떠나 '그게 바로 정답이네!' 하고 납득할 수 있는, 압도적인 설득력을 가진 전략을 떠올리는 사람도 있다. 예를 들면, 일본 컨설턴트의 일인자로 알려진 오마에 겐이치(大前研一)[10] 씨가 바로 그런 사람 중 한 사람이다. 필자도 맥킨지에서 근무할 때 오마에 겐이치 곁에서 일을 하는 기회가 있었다. 사고의 순발력이 정말이지 대단했던 것으로 기억한다.

오마에 겐이치는 젊은 시절부터 철저하게 현상 분석 경험을 쌓아 왔다고 한다. 이것부터가 보통의 컨설턴트와는 격이 다르다. 그의 장점은 분석을 기반으로 천재적 '탁월함'을 보여준다는 것이다. 그는 필자가 사용하는 접근법과 같은 방법을 사용하지 않고도 훌륭한 답을 내린다. 하지만 천재적인 아이디어를 생각해 낼 수 있는 확실한 방법론은 없기 때문에, 회사 조직의 지속성 면에서 따져 보면 이런 식의 접근은 매우 위험한 방법이다.

필자는 오마에 씨와 같은 천재가 항상 존재한다는 것을 전제로 기업 경영을 해 나갈 것이 아니라, '천재가 없어도 돌아가는 저력' 그리고 '때때로 천재를 활용하는 허용도'를 가지는 것이 기업에게 있어서 매우 중요한 일이라고 생각한다.

애플을 예로 들어보겠다. 스티브 잡스(Steve Jobs)가 사망한 후 애플은 사상 최고의 시가 평가액을 기록했다. 그 뒤 CEO 자리를 이어받은 것이 팀 쿡(Tim Cook)이다. 그가 잡스처럼 천재형인가를 생각해 보면 그렇지도 않은 것 같다. 오히려 지금까지의 경력을 봤을 때 생산 관리, 재고 관리와 같은 사무를 맡아

---

10) 일본의 경제학자이자 경영 컨설턴트. 히타치제작소에서 원자력 개발부 엔지니어를 거쳐 1972년 맥킨지 앤드 컴퍼니에 입사한 후 탁월한 성과를 바탕으로 일본 지사장, 아시아태평양지국 회장을 역임하였다. 현재는 주식회사 오마에 앤드 어소시에이츠(Ohmae & Associates Group) 등 여러 기업의 대표를 맡으면서 인재 양성과 교육 사업에도 힘쓰고 있다.

온, 앞에서 말한 '전략 레벨'의 과제를 전문으로 해 온 인물이다.

그럼에도 쿡은 지금까지의 경험을 살려서 훌륭하게 회사를 운영하고 있다. 애플의 수준에 맞게 계속해서 자극적인 제품을 개발하고는 있지만 방법론에서 보면 '재미보다는 그 나름의 가치를 세상에 제공하는' 방식을 택했다고 생각한다.

잡스는 천재였지만 영원하지는 않았다. 한 명의 천재에 의존하는 경영은 지극히 위험한 것이며, 잡스 자신도 만년에는 그것을 알았을 것이다. 그렇기 때문에 쿡이 후계자로 지명된 것이다.

지속적으로 경영을 해 나가기 위해서는 쿡과 같은 방식을 기본으로 하는 것이 중요하다. 시스템은 어떤 상황에서도 계속 돌아가도록 기반을 만들어 두는 것이 중요하며, 동시에 앞으로 새로운 천재가 나타나거나 천재적인 아이디어가 떠올랐을 때 그것을 채택하고 실현시켜 비상할 수 있는 체제를 준비해 두는 것이다.

그러면 우리들은 앞으로 어떤 스킬을 익혀야 할까? 애플의 스티브 잡스, 소프트뱅크의 손정의(孫正義 손 마사요시), 과거 소니의 모리타 아키오(盛田昭夫)와 같은 천재를 목표로 해야 할까?

독자 여러분들은 눈치 채셨겠지만 대답은 '아니오'다. 우리들은 스티브 잡스를 목표로 할 것이 아니라 팀 쿡을 목표로 해야 한다.

천재가 없어도 계속 돌아갈 수 있는, 확실하게 성장이 가능한 조직을 견지하는 것이 중요하다. 돌연변이적 천재가 나타난다면 그 천재를 이단으로 취급하지 말고 그를 받아들여야 한다. 그러면서도 그 천재의 놀라운 재능에 모든 것을 맡기지 말고 그의 아이디어와 퍼스널리티를 조직의 도약으로 삼을 수 있도록 유연함과 튼실함을 가진, 대나무처럼 강하면서 평범한 사람들의 집단을 목표로 삼아 발전해 가야 한다.

　필자는 전략 레벨의 과제에 몰두해야 하는, 천재는 아니지만 우수하고 의욕 넘치는 분들과 함께 일하며 컨설팅을 하고 있다. 한 가지 밝히고자 하는 것은, 필자 자신도 스탠퍼드와 맥킨지에서 다수의 천재와 함께 일하면서 나 자신의 평범함이 너무나 싫을 정도로 주위의 관심을 받지 못한 사람이라는 것이다.

　그럼에도 그 동안 많은 것을 경험하며 성장시킨 숙단사고 기술이기에 많은 사람들이 이해하고 활용할 수 있는 것이라고 자신한다. 숙단사고의 결과로 얻어낸 답은 설득력이 강하고 충분히 납득할 수 있기 때문에 관련된 인물들로부터 많은 지지를 받을 수 있다. 그러므로 어떤 프로젝트와 맞부딪혔을 때, 숙단사고를 활용하면서 팀 전원이 현명하게 이것저것 헤매 보는 것이 사실은 최단 루트라고 할 수 있다.

기본을 익히기 위해서는 개인 과제부터

이제부터는 실제로 숙단사고를 익히기 위한 방법론에 들어가기로 한다.

앞에서 설명했듯이 실제로 비즈니스 과제를 처음부터 제대로 풀어 가는 것은 매우 어려운 작업이다. 그 이유는 복수의 의사 결정 항목과 다양한 가치판단 척도와 불확실 요인이 있으며 불확실성의 정도도 매우 높기 때문에 고려하고 짚어 봐야 할 분량이 너무 많아져 버리는 경향이 있는 탓이다. 그렇기 때문에 초보자에게는 그 짚어 봐야 할 방대한 양으로 인해 오히려 전체를 보지 못하는 경우가 생긴다. 숲은 보지 못하고 나무만 보기 십상인 것이다.

예를 들면, 신규 시장에 뛰어들 때 의사 결정 항목은

- 처음에 어떤 시장을 노릴까?
- 어떻게 상품을 만들 것인가?
- 이번 라인업으로 몇 종류의 상품을 만들 것인가?
- 자사 단독으로 할 것인가. 파트너가 될 회사를 찾을 것인가?

와 같이 금방 떠올린 것만 해도 네 가지 요소를 생각해 낼 수 있다.

여기에 선택지가 네 가지가 있으면, 4의 4승으로 256개 정도의 선택지가 생긴다. 또 각 요소가 10개씩 네 가지 선택지가 있다면 4의 10승인 약 1백만 개가 생긴다. 물론 선택지의 수를 축소하는 것은 가능하지만 그렇다 하더라도 너무나 많은 수이다. 그리고 이 복수의 요소와 선택지를 검증하는 데 필요한 지식을 한 사람이 전부 갖고 있는 경우는 절대 없다. 반드시 다수의 사람이 한 부서가 되어 관여하는 법이다. 그렇기 때문에 집단으로 의사 결정을 하는 방법론에는 필연적으로 고도의 수준과 지식과 경험이 요구된다.

본문에서 우선은 변수가 적은 '개인의 과제'를 숙단사고로 해결하는 것으로 구체적인 방법론을 설명하고자 한다. 개인의 과제를 생각하는 것만으로도 기본적으로 머리의 근육을 사용하는 방법은 충분히 습득할 수 있을 것이기 때문이다. 실제로 필자가 평소에 적용하고 있는 2일간의 연수 프로그램에서도 첫째 날은 개인의 과제부터 시작한다.

개인의 과제라고 해서 복잡하지 않은 것은 아니다. 여러분은 다음과 같은 과제에서 과연 가장 적합한 해답을 내릴 수 있을까?

① 어떤 회사에 취업할까? 어떻게 커리어를 쌓을까? (자격시험에 응시할까? 사내 유학 제도를 이용할까? 상사에게 잘 보일까? 이직을

할까?)

② 이 사람과 결혼을 해야 할까? 사랑이 식은 배우자와의 관계를 앞으로 어떻게 해야 할까?

③ 슬슬 내 집 장만을 생각해야 할까? 아니면 그냥 임대를 할까? 구입한다면 위치는 어디로 할까? 직장 근처? 아니면 멀지만 넓은 집? 빌라? 아파트?

④ 부모님이 여러 가지로 힘들어하시는데 함께 살까? 아니면 요양 시설을 찾아볼까?

이 모두가 기업의 과제와 비교하면 구조상으로는 심플하지만, 이 경우만으로도 경우의 수가 워낙 많아 곰곰이 생각하지 않으면 후회할 가능성이 높은 주제이다. 다음 장에서는 이러한 개인의 과제를 중심으로 집단의 예도 조금씩 소개하며 이 책의 주제인 숙단사고의 메커니즘에 대해 설명하도록 하겠다.

과제를 나열하고
큰 판을 보라

List up Your Tasks
and Look at the Big Picture

아무 문제에나 숙단사고를 적용하는 것은 시간 낭비일 뿐이다.
지금 해결해야 할 과제는 무엇인지, 그 과제를 해결하기 위해
과연 숙단사고를 적용해도 되는지 먼저 판단해 보자.

숙단해야 할까, 즉단해야 할까?

이번 장에서는 숙단사고의 방법론을 이야기하고자 한다. 그
전에 확실하게 해 둘 것이 있다. 여러분이 직면하고 있는 상황
이 과연 숙단사고를 적용해야 하는 것인지에 대한 것이다. 모
든 문제 해결과 과제 해결에 숙단사고를 이용하는 것이 정답
은 아니기 때문이다. 오히려 대부분의 문제는 우선 실행한 뒤
도전과 실패를 반복하면서 부지런히 결과를 체크하여 수정해
나가며 실행하는 즉단즉결과 PDCA 사이클을 번갈아 하는 방
법이 좋을 수 있다.

이 PDCA 사이클 매니지먼트는 진행 과정을 확실히 체크하
고 그 내용을 다음의 계획이나 실행에 올바르게 반영할 수만

있다면 성공에 훨씬 가까워지는 방법이라고 할 수 있다. 그러나 때때로 즉단즉결로 해결해서는 안 되는 일이 발생한다. 그것은 단 한 번의 실패로 재도전할 수 없는 상태가 될 수도 있는 정말 '사활이 걸린 과제'와 마주한 경우이다.

여기에서 우선 여러분이 직면하고 있는 문제나 과제가 숙단사고로 해결해야 하는 것인지, 아니면 즉단즉결로 대처해야 하는 것인지를 판단하기 위해 '숙단사고 적용의 세 가지 전제 확인 사항'을 소개한다.

① 결단한 것을 실행했을 때 그 결과가 나오기까지 오랜 시간이 걸린다.
② 투입한 경영 자원(=사람, 자원, 돈)이 자신이 가지고 있는 경영 자원 전체와 비교했을 때 상당히 크다.
③ 좋지 않은 결과가 나왔을 때 자신에게 막대한 타격이 있다.

이 확인 사항에 한 가지라도 해당하는 것이 있다면, 즉단즉결하려는 충동을 멈추고 심사숙고해야 한다.

우선 세 가지 모두 해당하지 않는 즉단즉결 유형의 문제부터 보자.

예를 들어 음식점 경영자가 신 메뉴를 개발했으나 잘 팔릴지 자신이 없어 고민하고 있다고 하자. 이 경우는 특별히 고민할 필요 없이 신 메뉴를 기간 한정으로 판매해 보는 것이 좋다. 실제로 판매에 들어갈 경우, 신 메뉴에 대한 반응 데이터를 모으는 기간은 기껏 해야 1~2주면 충분하기 때문에 결과가 나오기까지의 시간은 짧다고 말할 수 있다. 또 필요한 경영 자원도 자신이 가지고 있는 경영 자원 전체에서 봤을 때 크지 않다. 신 메뉴에 대한 고객들의 평가가 좋지 않다고 하더라도 여러 가지 메뉴 중 하나일 뿐이므로 그것 때문에 가게의 평가가 크게 떨어질 리는 없다. 그러므로 좋지 않은 결과가 나와도 타격이 그렇게 막대하지도 않을 것이다.

이런 이유로, 이 문제는 어느 정도의 기간을 두고 계획(Plan)을 실행(Do)해서 그 반향을 체크(Check)하여, 수정할 부분은 수정해서 정식 메뉴로 채택할지를 판단(Action)하면 된다.

반면에 다음과 같은 경우는 어떨까?

A. 2호점을 오픈한다.
B. 상품을 대폭 할인한다.

우선 A의 경우는 토지 건물의 임대료와 직원 채용, 주방 설비 등에 많은 금액의 지출이 발생한다. 1호점의 매출 규모를 참조해야 하겠지만, 기본적으로는 '전체의 경영 자원으로 봤을 때 상당한 투자'가 될 것이다. 그러므로 ②의 조건에 해당하기 때문에 심사숙고하고 결단해야 하는 것이다. 바로 숙단사고이다.

B도 가격을 한번 내리면 다시 가격을 올리는 것이 어렵다. 즉, 되돌릴 수 없는 선택이며, 만약 가격을 내린 결과가 손님을 더 많이 불러들이는 데 도움이 되지 않는다면 '막대한 타격'을 받게 될지도 모른다. 이것 또한 ③의 조건에 해당하기 때문에 숙단해야 하는 과제이다.

물론 이 세 가지 확인 사항을 개인에도 해당시킬 수 있다.

비만 때문에 다이어트를 고민 중이라면 즉단즉결과 PDCA가 적당하게 필요한 문제일 것이다. 잡지에서 본 새로운 다이어트 방법을 우선 실험해 보고, 시간이 조금 지난 후에 체중을 체크한다. 그리고 생각한 것보다 체중이 감소하지 않았다면 그 다이어트 방법에 문제가 있는지 아니면 자신이 제대로 실행하지 않았는지, 또는 제대로 했지만 섭취한 칼로리가 높았던 것은 아닌지를 검증한다. 그 후에 다른 다이어트 방법을 생각하거나 시행 방법을 조금씩 수정해 나가면 된다.

이 또한 결과가 나오는 데 한 달 정도면 충분하기 때문에 ①의 '결과가 나오기까지의 시간'이 긴 것은 아니다. ②의 '투입 자원의 크기' 또한 그다지 크지 않을 것이다(몇 백만, 몇 천만 원의 기기나 고가의 식품이 필요한 귀족 다이어트라면 이야기가 달라진다). ③의 '좋지 않은 결과가 나왔을 때의 타격'도 한 달 후 다이어트의 성과가 인생에 크게 영향을 미치는 사람은 거의 없을 터이니 큰 문제는 아닐 것이다.

하지만 배우이기 때문에 '한 달 안에 10킬로그램을 감량하지 않으면 오디션에 합격할 수 없다'는 상황이라면 ①과 ②는 괜찮지만 ③의 조건에 해당하기 때문에 철저하고 확실하게 감량할 수 있는 방법을 숙단사고해야 할 것이다.

POINT

모든 문제를 숙단사고할 필요는 없다. '숙단사고의 세 가지 전제 사항'을 체크해서 숙단사고와 즉단즉결할 문제를 구분하여 시간을 절약하라.

생각하는 기한을 설정하라

숙단사고는 즉단즉결형의 의사 결정과는 다르게 결단의 신속함보다는 질을 중요시한다.

그러나 신속함보다 질을 중요시한다고 해도 데드라인은 엄연히 존재한다. 그 기준은 '의사 결정의 도마 위에 올라온 복수로 선택하는 경우의 가치를 떨어뜨리지 않는 시간 범위 내에서 더 이상 의사 결정의 질을 높일 여지가 없다고 판단되는 타이밍까지 숙단사고'하는 것이다.

예를 들어 어떤 제조 회사의 공장 중 한 곳이 크게 적자를 내고 있어서 제조를 중단할 것인지 결단해야 하는 상황이 되었다고 하자. 그때 마침 타사에서 그 공장을 매입하고 싶다는 연락이 왔고 한 달 안에 대답을 달라고 한다면 어떻게 할 것인가?

이 경우에 기한은 당연히 한 달이다. 하루 혹은 일주일 만에 대답을 할 필요는 없지만, 한 달이 지나서 대답을 하지 않으면 매각한다는 선택지의 가치가 현저하게 줄어들거나 선택지 자체가 없어질 가능성이 있기 때문에 조심해야 한다.

기한이 한 달이므로 숙단사고할 기간을 한 달 가득 채워도 상관없다. 즉단즉결해서 대답을 하면 멋져 보일지는 모르겠으나 이러한 상황에서 1초 만에 결단하는 것은 의미가 없지 않겠는가?

여기에는 '의사 결정의 질을 높일 수 있는 여지가 없다고 판단되는 타이밍까지'라는 한정 조건이 붙는다.

예를 들면, 중요한 불확실 요인에 대해서 정보가 제대로 모이지 않은 상태라면 이 시점에서 결단할 것이 아니라 허락된 시간 안에서 가능한 많은 정보를 모아야 한다. 그런데 '더 이상 조사해도 불확실성에 대한 통찰력의 질이 높아지지 않는' 상황에 다다를 수가 있다. 아무리 조사해도 미래의 불확실 요인에 대해서 확실한 시나리오를 예상하는 것은 불가능하다는 점을 기본적으로 인식하고 있어야 한다. 그 후에 '이 불확실성이 어느 쪽으로 움직일지' 걱정하며 포기할 것이 아니라, '불확실 요인에 따른 낙관적인 시나리오와 비관적인 시나리오를 세운 뒤에 어떻게 할 것인가'를 생각하여 결단해야 한다.

POINT

숙단사고에도 데드라인은 존재한다. 허락된 시간 내에 충분히 고려해서 최고의 결단을 내리는 것이 중요하다.

'의사 결정'이란 무엇인가?

숙단사고에 대해 구체적으로 들어가기 전에 이 책에 나오는 '의사 결정'에 대한 정의를 확실히 해 두는 것이 좋겠다.

디시전 매니지먼트에 있어서 의사 결정이라는 것은 '되돌릴 수 없는 경영 자원(사람, 자원, 돈, 시간)의 배분을 실제로 실행하려는 책무(의욕, 각오, 결의)'를 의미한다.

반대로 말하자면, 무언가를 결단하려고 해도 그 결단의 결과가 자신의 또는 자신이 소속된 조직의 경영 자원 배분과 일치하지 않는다면, 그것은 의사 결정이 아닌 다른 무엇인가이다.

예를 들어 '나는 오늘 다시 태어난다!', '당사는 앞으로 업계의 리딩 컴퍼니(leading company)를 목표로 한다!'와 같은 기세등등한 선언을 들을 때가 종종 있다. 그러나 선언만 할 뿐 구체적으로 어떻게 바뀔지, 그렇게 되기 위해서 어떠한 경영 자원을 사용하여 어떠한 액션을 취할지에 대한 이야기가 없으면, 그것은 의사 결정이라고 할 수 없는 것이다.

그런데 대체로 그런 선언을 한 당사자는 자신이 중대한 의사 결정을 했다고 생각하는 경향이 있다. 그리고 한번 그러한 착각을 하면, 구체적인 액션이나 필요한 경영 자원에 깊은 생각이 일어나지 않는다. 그래서 결국 아무것도 바뀌지 않는 경우가 대부분이다.

디시전 매니지먼트에 따른 의사 결정을 미국 블랙 코미디 식으로 표현하면 '베이컨 에그'에 비유할 수 있다. 베이컨 에그에 관여하는 것은 닭과 돼지인데, 이 둘의 입장은 크게 다르다. 닭은 그저 자기가 속한 닭장이라는 안전지대에 몸을 두고 알만 제공한다. 이것은 지극히 가벼운 투자이고 얕은 협력 수준일 뿐이다. 그렇지만 돼지는 베이컨을 주기 위해 자신의 목숨을 바쳐야 한다. 하나는 몸으로 수고하는 정도이고 하나는 목숨을 담보해야 하는 것이라는 점을 명심하자.

물론 이것은 어디까지나 비유에 불과하고 실제로 몸을 던져 목숨까지 내놓으라는 것은 아니다. 하지만 숙단사고에는 반드시 각오와 의욕, 납득할 만한 현실감을 가지고 스스로 경영 자원을 배분한다는 자세로 의사 결정에 임해야 한다. 닭처럼 안전지대에 몸을 두고 '전체적으로는 찬성'이라거나, '대략 그 정도면 될 거야'라고 하면서 뒤로 빠져 있는 식의 자세로는 아무것도 획득할 수 없다.

POINT

말뿐인 선언은 의사 결정이 아니다. 선언에는 반드시 의욕과 각오와 책임이 뒤따라야 한다. 실천이 따르는 것, 이것이 제대로 된 의사 결정이다.

고민과 과제를 정리하라

실제로 의사 결정을 하는 단계를 설명해 보겠다.

디시전 매니지먼트를 위한 숙단사고의 첫 단계는, 자신이 직면한 고민이나 과제를 차례로 리스트업하는 것이다. 리스트가 만들어지면 복수 항목끼리 어떤 관계를 가지고 있는지 파악한 후 그 중에서도 '정말로 중요한 고민이나 과제'가 무엇인지 생각하고 우선순위를 매긴다. 이 작업은 아주 중요하다. 가장 고민되는 것에 차례로 1, 2, 3… 이라는 순서를 매겨 두는 것이다.

지금 현재 직면하고 있는 고민이 하나밖에 없는 분은 건너뛰어도 되는 단계이지만, 대부분의 경우는 그렇지 않을 것이다. 업무에 관한 과제만 생각해 봐도 고민이 하나밖에 없는 사람은 거의 없을 것이고 가정 문제나 앞날의 생계 문제 등 지극히 개인적인 문제만 생각해 보더라도 대부분 여러 개의 고민을 떠올릴 수 있을 것이다.

그리고 틀림없이 그 과제들은 한 번의 의사 결정만으로는 절대 해결할 수 없는 것도 많을 것이다. 이 때문에 우선 고민과 과제를 하나씩 분리해서 우선순위를 생각하여 정말로 중요한 고민과 과제부터 의사 결정을 하는 것이 중요하다. 이런 작업을 뻔하다고 여기고 소홀히 하면 안 된다. 우리는 가끔 그리 중요하지 않은 것을 너무 심각하게 고민하느라 시간을 보내기도 하고, 중요한 것은 오히려 소홀히 하는 경향이 있기 때문이다.

POINT

현재 직면하고 있는 고민이나 과제에 우선순위를 따져 보고 하나씩 차근차근 의사 결정을 한다.

리스트와 우선순위를 업데이트하라

　필자는 이 책에서 숙단사고의 기초 작업 과정과 절차를 설명하기 위해 개인의 의사 결정 방법론을 중심으로 서술하고 있다.

　이런 문제를 리스트업하는 작업은 조직 내에서 집단의 의사 결정을 할 때도 동일하다. 필자가 기업에서 연수를 진행할 때에는 이 작업을 '전략 어젠다(agenda) 설정'이나 '과제 리스트 만들기, 과제 간의 관계성 이해, 몰두할 우선순위, 순서 정하기' 등으로 부르고 있다.

　의사 결정자가 자신뿐이라면, 이 작업이 간단하다고까지 말할 수는 없어도 차분히 시간을 들여서 해결할 수 있는 단계이다. 그러나 복수의 이해 관계자가 존재하는 집단의 의사 결정에서는 의사 결정에 관련된 모든 관계자의 현안을 확인하여 조정하는 것만으로도 매우 힘든 작업이 된다. 이런 갈등이나 난제들은 종잡기 어렵다. 어제까지는 우리 부서의 골칫거리였던 사항이 오늘은 해결되는 일도 있고, 다른 부서의 갑작스러운 움직임에 대해서도 능동적으로 정보를 입수하지 않으면 안 된다. 그렇지 않으면 아무 것도 모르는 채로 문제나 과제의 관계성을 고민하다가 부적절한 우선순위를 매기게 되는 경우가 생긴다.

　비즈니스에서는 사장이 술자리에서 들었던 이야기를 가지고 와서 '이런 거 하면 어떨까?'라고 제안하기도 하고, 거래처 상사로부터 M&A 안건을 받는 등 뜻밖의 사업을 고려해야 하는 일이 자주 있는 법이다. 게다가 '사장님 지시 때문에'라거나, '기회를 놓치면 M&A의 이야기 자체가 없었던 이야기가 될지도 몰라'라는 생각 때문에 '정말 중요한 과제'인지 자세히 조사해 보지 않고 급하게 일을 진행하는 경우도 적지 않다.

이러한 사태를 막기 위해서는 고민이나 과제의 리스트업과 우선순위를 정하는 것을 습관화하여 항상 주위의 상황에 대응하며 계속적으로 업데이트를 해야 한다. 이렇게만 한다면 갑작스럽게 문제가 발생해도 업무의 우선순위를 판단할 수 있는 재료가 이미 마련되어 있기 때문에 그다지 중요하지 않은 문제를 해결하느라 정말로 중요한 문제를 뒤로 미루는 기회 손실은 입지 않아도 된다.

개인의 의사 결정에서도 '나 자신의 일이니 일부러 의식하고 꼼꼼하게 확인할 필요는 없다'는 생각을 버려야 한다. 오히려 개인적인 일일수록 집단의 의사 결정에 도움이 되는 트레이닝이라고 생각하고 항상 이런 절차를 밟는 습관을 들이는 것이 좋다.

POINT

습관적으로 리스트를 업데이트한다면 예상치 못한 문제가 발생해도 일의 우선순위에 따라 실수 없이 대처할 수 있다.

CASE STUDY   실전 상담 1화

등장인물

나미노 잇테쓰(並野一徹). 41세.

도치기(栃木) 현 우쓰노미야(宇都宮) 시에 본사를 둔 주식회사 다카스기(高杉) 상사의 상품개발부에서 과장으로 근무하고 있다. 다카스기 상사는 라이선스 계약을 체결한 해외 패션 브랜드와 자사 브랜드의 상품을 제조하고 판매 점포를 운영하며 전년도 매출은 약 9백억 엔이다.

이시무로 다몬(石室多聞). 43세.

나미노의 부인인 미즈에의 사촌 오빠. 기업 컨설턴트. 스스로 전략을 세우는 컨설팅이 아니라 클라이언트가 의사 결정력과 전략 스킬을 기를 수 있도록 지원하는 일을 주로 한다. 사원들 스스로 전략 수립 능력을 펼칠 수 있도록 사원 및 임원 연수를 하고 있다.

발단 · 경위

도치기 현 우쓰노미야 시의 나미노 집안에서 나미노 일가와 미즈에 숙부 일가의 친척 모임이 있었다. 거기에 미즈에의 사촌 오빠이자 기업 컨설턴트인 이시무로도 참석했다. 이에 전부터 미즈에로부터 이시무로의 직업에 대해 들었던 나미노가 자신의 걱정과 과제에 대해 상담했다.

이시무로는 나미노의 고민을 듣고 천천히 시간을 들여서 숙단사고해야 할 과제라고 판단했다. 때마침 장기 컨설팅이 있어 2개월 정도 우쓰노미야에 머물게 되었기에 정기적으로 식사를 하며 토론하기로 했다.

컨설팅 개요

나미노의 아들 유이치는 중학교 3학년이 되어서 고등학교 입시를 앞두고 있다. 아들은 미술 전공이라 제1지망은 미술과가 있는 가나가와(神奈川) 현의 고등학교를 희망하고 있지만 현립 고등학교이기 때문에 도치기 현에서는 시험을 치를 수 없다는 것이 문제. 그러니 가나가와 현의 고등학교로 입학하려면 이사를 해야 한다.

나미노도 아들 유이치도 이사는 현실적으로 어렵다고 생각하고 있다. 그래서 도치기 현 근처의 미술과나 예술과가 있는 고등학교에 진학을 해야 할지, 아니면 보통과에 입학해서 방과 후에 미술 예비학교에 다녀야 할지 차선책을 생각하고 있다.

그런데 나미노가 회사에서 '특별한 프로젝트'를 제안했다가 최근에 상사인 스즈키 부장과의 관계가 나빠졌다. 그래서 '이 사를 하면서 이직도 할까?'라는 농담 섞인 생각도 하면서 독립하여 회사를 세워 그 기획을 시작하는 것도 나쁘지 않겠다는 생각도 하고 있다. 이처럼 나미노는 자신의 커리어로 지금의 회사에서 계속 일하는 것 말고도 다른 선택지가 있을까를 심각하게 고민하는 중이다.

그러나 만약 이직을 하거나 독립해서 회사를 세워 이사를 한다면 가까이 살고 있는 부모님과 멀리 떨어지고 만다. 언젠가는 부모님을 보살펴야 하는 날이 올 텐데 아들만 생각해서 이사를 결정하기가 너무 어렵다.

이시무로의 조언

'A: 아들의 진로', 'B: 자신의 커리어', 'C: 부모님의 노후'라는 각각의 고민은, 이들 중 어떤 것을 선택하든 따라오는 문제이다. 그러나 일단 각각을 분리하여 과제로서 우선순위를 따져 보기로 하자.

우선 C를 생각하면 부모님과 가까이 사는 것이 맞지만, 지금 당장 간호가 필요한 상태가 아니라면 벌써부터 고민할 필요는 없다. 지금은 근처의 간호 시설과 본인들의 의사 등 필요한 정보를 수집하는 것만으로도 충분할 것이다.

남은 A와 B는 '아들의 진로를 정한 후 그것을 전제조건으로 하여 자신의 커리어를 생각한다'는 두 가지의 우선순위를 시뮬레이션해 보고 보다 나은 쪽을 선택하면 된다.

그러나 어떠한 결단을 하든 이사 비용과 아들의 학비는 나미노가 직장이 있어야 해결할 수 있다. 그러니 나미노의 직장 문제가 가장 중요한 포인트임을 깨달아야 한다. 그러므로 이시무로는 B→A→C라는 순서로 생각해야 하며, 각각의 관계성에 대응하며 동시에 쓸모없는 혼란을 피하는 형태로 과제를 해결해야 한다고 조언했다.

결론

나미노가 이시무로의 조언에 동의하여, 함께 나미노의 커리어 과제에 대해 숙단사고를 해 보기로 했다. 컨설턴트는 다음 토론용으로 세 가지 숙제를 나미노에게 주었다.

① 자신의 커리어는 '언제쯤, 어떻게 되면 좋은가'에 대해 몇 가지든 생각나는 대로 리스트업할 것.
② 리스트를 기록하기 위해 '자신은 무엇을 할 수 있고, 어떻게 하면 그것을 실현할 수 있을지'에 대한 의사 결정 항목과 거기서 취할 수 있는 선택지를 가능한 창조적이고 상

리스트업과 순위 정하기

A 아들의 진로

B 자신의 가능성을 시험하기 위한 커리어 설계

C 부모님의 간호 · 동거 문제

B 자신의 가능성을 시험하기 위한 커리어 설계

↓

A 아들의 진로

↓

C 부모님의 간호 · 동거 문제

상력 있는 아이디어를 동원하여 리스트업할 것. 동시에 머리나 마음에 떠오르는 항목(불안 요소와 마음에 걸리는 것, 구체적으로 기쁘거나 평안한 마음을 느끼는 장면 등 모든 것을 포함)도 합쳐서 적어 둘 것.

③ 리스트가 만들어지면, 그 항목을 '의사 결정 항목과 선택지', '불확실 요인', '가치판단 척도'의 세 가지로 대략 분류할 것.

(99쪽 2화에서 계속)

2 장

프레임이
모든 것을 결정한다

The Importance of Framing

과제가 무엇인지 알았다면 다음은 프레임 설정이다.

틀이 부실하면 아무리 공을 들인 집도 무너지고 만다.

프레임이 잘못되면 이후의 숙단사고도 엉망이 될 수 있으니 프레임 설정에 집중해 보자.

프레임 설정은 과제를 정의하는 관점

마주하고 있는 복수의 고민과 과제에서 우선 중시해야 하는 것을 결정했다면 이제는 본격적으로 숙단사고를 시작해야 한다.

우선 자신이 이제부터 해결하려고 하는 과제의 프레임을 정확하게 설정한다. '프레임 설정'이란 과제를 어떻게 정의하는가에 대한 관점을 말하는 것이다. 이 작업은 매우 중요하다. 부적절한 프레임 설정은 부적절한 의사 결정을 낳는다.

먼저 기업의 프레임 설정을 예로 들어보자.

부품 제조 회사가 인건비를 줄이기 위해 생각해 낸 '인도네시아 공장 건설'을 의제로 팽팽한 논의가 진행되고 있다.

이 경우 '정말로 중요한 과제'는 어디까지나 '인건비를 줄이는 일'이 아니라 '비용을 줄이는 일'이다. 일본에서 비용을 줄이기 위해 동남아시아로 나가서 인건비를 줄이겠다고 하면 최근에는 베트남이나 미얀마라는 선택지도 생각할 수 있다. 그러나 이러한 검토가 등한시되고 있는 것 같다. 덧붙이자면, 이 과제는 '동남아시아 사업 확대'라는 프레임으로 생각하는 것이 좋을지도 모를 일이다. 정말로 '비용 절감'을 위한 프레임으로 생각해도 좋은지를 심각하게 고민할 필요가 있다.

만약 그렇다면 공장 건설의 선택지뿐만 아니라 마케팅 면에서도 검토해야 한다. 그리고 마케팅 리서치 결과 '사업 확장이 훨씬 중요하다'는 결론을 얻었다면 처음의 의제와 이야기가 달라지기 때문에 다시 생각하기 시작해야 한다. 물론 간단하게 결론이 나올 수 있는 과제는 아니지만, 그렇기 때문에 프레임 설정 작업을 사전에 확실히 해 둘 필요가 있다.

집단에 의한 의사 결정에서는 프레임 설정이 어려워진다. 각자가 문제를 보는 시점과 시야가 다르기 때문이다.

요즘은 신제품 개발을 위해서 여러 부서가 합쳐진 프로젝트 팀이 자주 결성된다. 그런 경우 기술 본부의 엔지니어는 기술 측면, 공장 매니저는 제조 측면, 판매 담당은 마케팅 측면으로 각각 담당자가 자신만의 프레임으로 생각하며, 문제를 종합적으로 생각하는 사람이 없는 경우가 비일비재하다. 그렇기 때문에 특히 신중한 프레임 설정이 요구되는 것이다.

스탠퍼드식 의사 결정 이론의 창시자인 로널드 하워드 교수도 "프레임 설정은 이 방법론의 절차에서 가장 어려운 단계이다. 그것은 지극히 인간적인, 정말 인간만이 할 수 있는 깊은 통찰력을 필요로 하는 작업이다"라고 강조하고 있다.

POINT

우선순위를 매겼다면 다음은 '프레임 설정'이다. 이 작업을 정확하게 하지 않으면 전혀 다른 의사 결정을 초래할 수가 있다. 깊이 검토하여 정확한 프레임을 설정해야 한다.

프레임 설정의 정의

그렇다면 구체적으로 프레임 설정은 어떠한 정의로 결정하는 것일까.

숙단사고에서는 다음 세 가지 요소에 따라 과제의 프레임을 설정하고 있다. 그리고 이것들을 확실히 언어화하기 위해서 '비전 스테이트먼트(vision statement)'라는 것을 만든다. 비전 스테이트먼트는, 통상적인 비즈니스나 기업 등에서 집단 의사 결정을 할 때 구성원들이 사전에 목표가 무엇인지를 공유하기 위한 도구이다. 이는 개인의 의사 결정에서도 복잡한 과제에 부딪혔을 때 자신의 머리를 정리하고 논리적으로 파악하는 데 효과적이다.

앞에서 언급했던 비용 절감을 위해 동남아시아 공장 진출을 검토하는 경우를 설명해 보자. 위의 비전 스테이트먼트를 작성하면, 해결해야 할 과제에 쉽게 도달할 수 있다. 그렇게 하면 '인도네시아 공장 진출'은 어디까지나 한 가지의 선택지에 불과하다는 것을 알게 된다.

POINT

실패 없는 의사 결정을 위한 프레임 설정 방법이 '비전 스테이트먼트'이다. 비전 스테이트먼트 표를 참고하여 자신의 상황에 대입해 보라. 지금 고민하고 있는 문제가 훨씬 명확해질 것이다.

언제쯤, 어떻게 성공하고 싶은가?

숙단사고의 프레임 설정은, 디시전 매니지먼트의 세 부분 즉, '선택지', '불확실 요인', '가치판단 척도'를 추출하고 정리하기 위한 작업이다.

순서대로 설명하도록 하겠다. 우선 '선택지'를 도출하는 첫

프레임 설정의 정의

- **목적(purpose) :**
  이제부터 우리들은 무엇을 이루려 하는가
- **전망(perpective) :**
  의사 결정의 배경이 되는 관점
- **범위(scope) :**
  문제를 해결한 후 무엇을 포함하고 있고 무엇이 포함되지 않았는
  지를 구별하는 경계선

비전 스테이트먼트

What? 우리는 앞으로 무엇을 하려 하는가?

Why? 우리는 왜 이것을 하려 하는가?

Success Measures 이 검토가 성공했는지 어떻게 알 수 있는가?

단계는 '언제쯤 어떻게 성공하고 싶은가?'를 생각하여 리스트 업하는 것이다. '어떻게 성공하면 좋을까?'는 다른 말로는 "내가(기업이) 어떻게 되면 좋을까?"를 생각하는 것이다. 이것만으로도 그 보람 넘치는 일을 실현하기 위한 선택지를 쉽게 떠올릴 수 있게 된다.

거기서 '언제쯤'이라는 것을 곰곰이 생각하면 시간의 흐름을 포함한 의사 결정의 전체 과정을 파악할 수 있게 되는 것이다.

숙단사고에 의한 의사 결정은 그때그때의 상황만이 대상이 되는 것이 아니다. 눈앞에 갑자기 나타난 M&A의 이야기에 'M&A를 추진한다'로 대응하는 것이 아니라, 시너지 효과가 더 기대되는 기업은 없는지까지를 자세히 검토해야 하는 것이다.

또 '지금까지 진행해 온 프로젝트를 우선으로 한다'는 선택지도 있을 수 있으니 이를 포함하여 천천히 심사숙고해야 한다. 그러므로 프레임 설정의 '틀'에는 고려하는 시간도 당연히 포함해야 한다.

또한 '언제, 어떻게 성공하고 싶은가?'를 리스트업할 때 전제조건을 사전에 명기해 두면 의사 결정을 진행할 때 검토가 훨씬 명확해진다. 예를 들어 커리어에 대해 숙단사고를 하는 경우, 어떤 이유 때문에 절대 지금 회사를 그만둘 수 없다는 전제조건이 있는 경우는 '1년 뒤에 이직한다', '2년 뒤에는 회사를 그만두고 사업을 한다'와 같은 의미 없는 항목을 검토하는

비전 스테이트먼트의 예

What?

우리는 앞으로 무엇을 하려 하는가?

· 제조 라인 가동에 드는 인건비를 시작으로 총 비용을 절감한다.

· 이렇게 하면 비용 경쟁력을 높일 수 있고 나아가 업적을 개선할 수 있어 고객에게 더욱 기여할 수 있다.

Why?

우리는 왜 이것을 하려 하는가?

· 경쟁사의 저가 정책에 대응하기 위해

· 시장에서 저가 상품 비율이 늘고 있으며, 심한 가격 경쟁이 예상되기 때문에

Success Measures

이 검토가 성공했는지 어떻게 알 수 있는가?

· 경쟁사의 예상 제조액보다 10% 낮은 금액으로 실행 가능한 전략을 세운다.

· 제조 비용 절감에 대해 충분히 이해하고 총력을 다한다.

번거로움과 쓸데없는 시간을 덜어낼 수 있다.

또 한 가지는, 전제조건을 명확하게 하는 중에 자신의 철학적인 가치관을 재인식하는 경우도 있다. 앞의 예를 들자면, "이 회사는 할아버님이 창립한 회사라 나도 할아버님과 가족들만큼이나 이 회사에 애정을 가지고 있다. 그렇기 때문에 어떠한 좋은 조건을 제안해 와도 다른 회사에 이직하지는 않을 것이다"라는 마음을 굳게 먹고 있다면 이것이 바로 철학적인 가치관이 반영된 예라고 볼 수 있는 것이다.

반면에 그러한 결정적인 이유도 없는데 '지금의 회사는 그만 둘 수 없다'는 자기만의 전제조건을 가진 사람이 있다면 그것도 일리 있는 선택일 테니 존중할 필요가 있다. '나는 한번 근무한 회사는 그만두지 않는다는 신념을 가지고 있다'는 직업의식을 가진 사람도 있을 것이다. 일반적이지는 않지만, 그것이 그 사람의 철학적인 가치관이라면 타인이 이러쿵저러쿵 말할 일은 아닌 것이다.

그러나 그것이 철학적인 가치관을 기반으로 한 것이 아니라, 단순히 암묵의 전제조건으로 '그냥 그렇게 생각'하는 것에 불과할 가능성이 있음을 부정할 수는 없다. 그것을 판단하기 위해서는 사고의 틀에서 해방되어 자발적으로 전제조건을 다시 생각해 봐야 한다.

물론 '일의 보람도, 직장에서의 인간관계도, 대우도, 모든 것이 훌륭한 회사에서 근무하고 있기 때문에 회사를 그만두지 않겠다'는 전제를 두고 일하는 경우도 있다. 당연히 그럴 수도 있다. 어찌 되었건 전제조건에 대해서 이렇게 저렇게 생각하는 것은 자신의 위치를 확실히 하는 것과 직결되는 것이다.

POINT

선택지를 설정할 때 우선해야 하는 것이 시간 설정이다. '언제쯤 이렇게 성공하기를 원한다'는 시간 과정의 축을 세워 두면 검토해야 할 항목을 훨씬 줄일 수 있다. 이런 식으로 전제조건을 두고 검토하다 보면 잊고 있었던 자신의 철학적 가치관도 다시 한 번 살필 수 있게 된다.

'언제쯤'일지 때를 정하라

'언제쯤 어떻게 성공하고 싶다'는 시기 항목에 대해 구체적으로 생각해 보자. 창업의 경험이 전혀 없는 사람이 회사를 만들고 싶다고 생각하는 것 자체는 모험적이다. 지금까지 경험해 본 적이 없는 새로운 도전을 시도하는 것이라 '언제쯤'이라는 시기를 특정하기가 난감할 것이다. 시기를 어떻게 설정하면 좋을지 모르는 사람이 적지 않을 것이기 때문이다.

이런 분들에게 필자가 권하는 것은 '매우 극단적인 두 가지 경우'를 생각한 후 잘 살펴보고 정하는 방법이다.

즉 이런 식이다. 좀 생뚱맞지만 '당신의 회사가 세상에 큰 센세이션을 일으켜 그로 인해 100년 후에는 세계에 큰 영향을 미치는 회사로 발전할 것이다'라고 하면 '언제쯤'은 '100년 후 성공'이 될 것이다.

반면에 '사업의 성공 여부는 회사를 세우고 한 달 정도면 결론이 나기 때문에 아직은 그 후의 일은 생각하고 싶지 않다. 그때가 되면 다시 생각할 것이다'라고 한다면 '한 달 후'가 성공의 기한이 될 것이다.

대부분의 독자들은 이런 말을 들으면, '엄청난 성공을 기대하는 것도 아니고 뭐 밥 먹고 살 만큼이면 될 텐데……. 그래도 창립하고 한 달은 너무 짧다'는 생각을 할 것이다. 그래서 두 달을 본다든가 석 달을 보거나 여섯 달을 기한으로 보는 경우도 있을 것이다. 이런 식으로 조금씩 자신에게 적당한 범위를 세우고 예를 들어 몇 년 몇 개월 후라는 적절한 시간의 축을 쉽게 찾아내면 되는 것이다.

창업에 도전하는 사람들 중에는 오로지 창업만 생각해서 일단 '언제까지 어느 정도 어떻게 성공시킨다'는 생각을 자기 나름대로 먼저 설정해 버리는 사람도 적지 않다. 그 또한 자기만의 방법일 수 있다.

어쨌든 창업 후의 여러 과정을 기본 프레임워크에서 제외한 사람일지라도 이와 같은 방법으로 스스로에게 계속 "언제까지로 하지?"를 질문하며 검토한다면 성공 여부가 판단 가능한 시기를 어느 정도는 알 수 있게 된다.

POINT

시기를 언제로 설정할지 모를 때는 막연히 설정할 것이 아니라, 극단적인 경우부터 스스로에게 질문하며 점차 적당한 시기를 찾아가야 한다.

의사 결정 항목과 선택지를 구체화하라

'언제 어떻게 되면 만족할 수 있을까?'라는 관점에서 미리 정해 놓은 리스트를 바탕으로 계속해서 '나는 무엇을 할 수 있으며, 그것을 달성하기 위해 어떻게 해야 실현할 수 있을까?'와 같은 의사 결정 항목과 거기에서 생기는 다양한 선택지를 가능한 창조적이고 풍부한 상상력으로 만들어 보는 것이다.

이것은 '언제 어떻게 성공하면 좋을까?'에 대해 '그렇게 되기 위해서 자신이 할 수 있는 것'을 생각하는 작업이다.

'의사 결정 항목'과 '선택지'의 차이가 이해되지 않는 분도 있을 것이다. 이 두 가지를 구분하는 방법은 간단하다.

예를 들어, 1장에서 설명한 것처럼 '거래처의 M&A 안건에 대해 생각해 본다'고 하면 이것은 선택지이다. 의사 결정 항목은 선택지에서 추상화가 한 단계 더 올라간 것으로, 이 경우는 '관련 사업의 확대를 위해 어떻게 시책을 강구할까?'와 같은 것을 말한다.

더욱 단순한 예로 들어보자.

음식으로 말하자면 '카레를 먹는다'는 선택지이며, '오늘 점심은 무엇을 먹을까?'와 같은 것은 의사 결정 항목이다.

이렇게 추상도를 조금 높인 의사 결정 항목을 설정하면 갑자기 나온 M&A의 이야기에만 확 쏠리지 않고 'M&A 안건도 검증할 여지는 있지만, 지금 메인으로 하고 있는 프로젝트에 주력하는 편이 우리 사업에 플러스가 되지 않을까?'라고 객관적인 관점을 가질 수 있게 되기 때문에 선택지의 폭을 넓히는 데 도움이 된다.

POINT

'카레를 먹는다'는 선택지, '무엇을 먹을까?'는 의사 결정 항목!

틀에서 벗어나 시야를 넓혀라

의사 결정 항목과 선택지를 리스트업해 가며 '창조성과 상상력이 풍부한 아이디어'를 내기 위해서는 어떻게 하면 좋을까. 이 포인트는 가능한 시야를 넓히고 다양한 정보를 모아서 자신의 머리와 마음을 자극하며 깊이 생각하면 된다.

창조성과 상상력을 발휘하기 위해서는 천재적인 탁월함이 중요하다고 생각하기 쉽다. 평범한 사람은 감상을 하는 우뇌뿐만 아니라 논리적인 좌뇌도 함께 사용하여 참을성 있게 유연성을 가지고 깊이 생각하는 것이 중요하다.

필자가 자주 예로 드는 두 가지 그림을 소개하겠다.

91쪽의 문제 1은 좌뇌를 중심으로 한 '체계적 사고', 문제 2는 우뇌를 중심으로 한, 테두리를 벗어난 '유연 사고' 유형의 문제이다. 두 가지 모두 쉽게 해답을 찾을 수 있을 것이다.

답은 92쪽에 있으니 참고하시기 바란다. 문제 1은 생각할 수 있는 모든 사각형의 가능성을 그 크기만큼 법칙을 세워서 생각하는 끈기가 있다면 반드시 답을 찾을 수 있다고 생각한다. 그 참을성이 창조성의 문을 열어 주는 한 걸음이 된다.

문제 2도 유연성을 발휘하여 '주어진 9개의 점 안에서만 선을 긋는다'는 선입견을 버릴 수 있다면 그렇게 어려운 문제가 아니다.

필자는 에디슨(보통 사람이 아닌 천재)이 말한 '발명은 99%의 땀과 1%의 영감으로 탄생한다'라는 명언도 전자가 좌뇌의 끈기, 후자가 우뇌의 유연성을 말하는 것이라고 생각한다.

새로운 아이디어를 내는 대표적인 방법으로 '브레인스토밍(brainstorming)'[11]이 있다. 기업의 의사 결정에서는 대부분의 경우 다른 배경이나 발상을 가진 많은 사람들이 모여 세간의 이야기부터 기탄없이 내뱉는 입바른 소리까지를 포함하여 서로를 자극하며 토론하여 다양한 항목을 리스트업한다.

그 때문에 집단 의사 결정에서는 창조성과 상상력을 일부러 의식할 필요가 없을지도 모른다. 의견을 내다 보면 그 속에서 상상력이나 창조성이 튀어나오기 때문이다. 그러나 개인적인 의사 결정의 경우에는 이러한 집단에서처럼 창조성에 의지할 수 없기 때문에 주의가 필요하다. 철저하고 신중하고 끈기 있게 유연성을 발휘하여 아이디어를 생각해 내야 한다. 물론 CASE STUDY에서 나온 나미노와 이시무로의 경우처럼 옆에서 도와주는 사람이 있다면 함께 의논하는 것도 좋은 방법이다.

혼자 생각하는 경우도 인터넷으로 조사하거나 여러 가지 자료를 찾아보고 때로는 여러 사람들의 이야기를 듣는 등의 다양한 방법으로 가능한 많은 요소를 반영하자. 그리고 인터넷

11) 다수의 사람들이 모여 자유로운 토론으로 아이디어를 이끌어 내는 일.

아이디어를 이끌어 내기 위한 두 가지 사고

문제 1 체계적 사고

그림 속에 정사각형은 몇 개일까요?

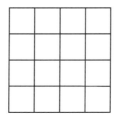

문제 2 유연 사고

연필을 떼지 않고 선 4개를 이용해서 9개의 점을 연결하세요.

•　　　　•　　　　•

•　　　　•　　　　•

•　　　　•　　　　•

답 1   30개 (1×1이 16개, 2×2가 9개, 3×3이 4개, 4×4개가 1개)

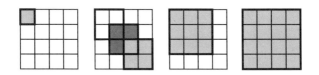

답 2   '9개의 점 안에 선을 긋는다'는 고정관념을 버린다

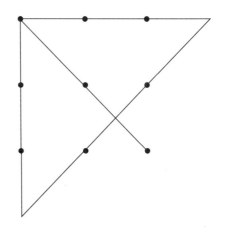

이나 관련 자료, 다른 사람들로부터 정보를 받아들일 때는 어떤 한 가지 주장이 강한 의견에 쏠려서 시야가 좁아지는 경우가 있으므로, 강한 의견일수록 그 반대 의견을 찾아보는 것도 중요하다.

POINT

우뇌와 좌뇌를 함께 사용하여 유연성을 높이면 창의적인 아이디어를 끌어낼 수 있다. 시야를 흐리게 하는 선입견을 버리고 가능한 많은 정보를 흡수하여 끈기 있게 생각한다면 창의적인 발상은 결코 어려운 것이 아니다.

불확실 요인과 가치판단 척도를 추출하라

'언제 어떻게 성공하면 좋을까?'

'이것을 위해 나는 무엇을 할 수 있을까? 무엇을 컨트롤할 수 있을까?'

라는 두 가지 물음에 대해 리스트업을 끝냈다면, 그것을 비교하여 머리와 마음속에 떠오르는 불안감이나 자신감, 걱정과 같은 것까지지도 써내려 간다.

여기서 중요한 것은 떠오른 것을 처음부터 끝까지 리스트업하는 것이다. 그중에서 서로 모순되는 것이 있어도 아무런 문제가 없다. 빠트리지 말고 꼭 쓰는 것이 중요하다. 처음부터 적절한 프레임 설정을 하는 것은 어려운 일이다. 그러므로 우선 '프레임에 적당하다'고 생각되는 항목을 논점의 크고 작음에 상관없이 우선 철저하게 밝혀내자.

한번 축을 결정하면 고정관념이 생기므로 다른 것을 보는 것이 어려워진다. 반대로 축을 조금씩 좁혀 가는 일은 어려운 일이 아니다. 그러므로 크고 작은 논점들이 섞여 있어도 좋다. 우선 과제와 관련된 모든 요소와 논점을 '큰 자루에 넣는다'는 식으로 이미지화하는 것이다. 그렇게 생각하면 접근이 쉬워진다. 그러면 누락된 것이 없는지 불안해하지 않고 안심할 수 있다.

예를 들어, '해외로 이수하고 싶다'고 할 때, '치안은 괜찮을까?' 하는 생각이 머리에 스친다면 그것도 리스트업해 두자. 이것이 디시전 매니지먼트의 세 가지 항목 중 두 가지에 속하는 '불확실 요인'과 '가치판단 척도'를 추출하는 작업이다.

'불확실 요인'이란 의사 결정에 있어서 고려해야 하는 '자신이 컨트롤할 수 없는 요인'이다. 그 요인이 어떻게 움직이는지에 따라 결과가 크게 바뀐다. '가치판단 척도'는 말 그대로 의사 결정자의 가치판단을 측정하는 척도로, 최종적으로 선택지를 선택할 때 기준이 되는 것이다.

원칙으로 삼을 것은, 의사 결정자 내지는 의사 결정자 그룹의 조직이 믿는 미션·비전·철학적인 가치관에 맞춰 생각했을 때 나오는 만족도를 생각하여 '이만큼의 만족을 기대할 수 있다면, 이만큼의 경영 자원을 투입해도 괜찮겠다'는 판단을 할 수 있다는 것이다.

이 불확실 요인과 가치판단 척도에 대해서도 풍부한 상상력을 발휘하여, 아무리 작은 불안이라도 일단은 큰 자루에 전부 넣는다는 것을 잊지 말자.

POINT

프레임에 들어갈 항목은 논점의 크고 작음에 상관없이 모두 한 자루에 담아라.

가벼운 항목은 제외한다

마지막으로, 자루 속에 한데 모은 모든 요소를 체크하자.

이 대목에서 아무리 생각해도 '언제쯤 어떻게 성공하고 싶다'라는 전제에 미치는 영향이 적은 것은 자루에서 아예 빼자. 앞에서 말한 것처럼, 집단의 의사 결정과 비교하면 개인의 의사 결정은 생각하는 양이 적긴 하지만 그렇다고는 해도 생각나는 것을 모두 최종적인 의사 결정의 도마 위에 올리면 앞으로 생각해야 할 요소들이 크게 늘어난다. 그러므로 확실하게 중요한 항목이 아니라고 생각되는 것은 미리 검증에서부터 제외해야 한다.

예를 들면 **CASE STUDY**에서 나미노가 프로야구를 좋아해서 아들 유이치의 진로를 생각할 때 '가나가와 현으로 이사를 가면 자신이 좋아하는 요코하마 DeNA 베이스타스의 시합을 더 자주 볼 수 있다'는 생각이 들더라도 이것은 엄밀히 말하자면 가벼운 항목이고 그리 중요하지 않은 사안이라고 볼 수 있다.

물론 이것은 생각하는 방식의 예일 뿐, 정답과 오답을 묻는 것이 아니다. 사람에 따라서는 의사 결정을 할 때 '야구 시합의 관전이 무엇보다 중요하다'고 판단할지도 모르기 때문이다.

POINT

자루에 담은 항목들을 이 단계에서 걸러 낸다. 사소한 항목들은 앞으로 생각해야 할 요소를 불필요하게 늘리지 말자. 신중히 생각해서 제외하라.

열정을 가지고 가슴이 뛰는 구상을 하라

마지막으로 프레임 설정에 대해 한 가지 보충하고 싶은 것이 있다. 바로 '열정'의 중요성이다.

숙단사고가 필요한 과제는 자신에게 상당히 중요한 일에 대한 것이다. 따라서 결과가 나빴을 때, 자신에게 다가올 타격이나 실패의 정도가 막대할지도 모른다면 더욱 숙단사고를 해야 한다.

이처럼 과제에 직면하기 위한 의사 결정 항목이나 선택지가 자신을 만족시킬 수 있는 것이 아니라면, 숙단사고를 할 에너지가 생겨나지 않는다. 또 만족할 만한 미래가 상상되지 않는다면 현상 유지가 최선이며 의사 결정의 필요가 없을 가능성도 있다. 그렇기 때문에 숙단사고의 출발점은 '열정'이다. 열정이 생겨날 만큼 중요한가를 먼저 살피는 것이다.

의사 결정의 모든 선택지가 가슴을 답답하게 하는 것일 수도 있지만, 그러한 경우도 '이 중에서 최선의 결단을 할 수 있다면, 사태를 조금은 호전시킬 수 있을 거야. 아니야! 반드시 해야 해!'라고 생각하는 식으로 열정을 만들어 내는 것이 중요하다.

반면 좋은 것밖에 생각나지 않는다면 일부러 숙단사고를 할 필요 없이 그것을 바로 시작하면 된다. 기본적으로는 흥분

되고 심장이 뛸 듯한 미래의 구상에는 대부분 리스크나 불확실 요인이 내재되어 있다. 흥분하기 시작하면 그 실현을 향한 여정에 존재하는 리스크에 대한 긴장감도 거의 세트로 따라다닌다는 것을 잊지 말라.

이 때문에 '언제쯤 성공하고 싶다'고 생각할 때는 자신이나 주변인을 흥분시키고 만족시킬 수 있을 만한 확실한 구상을 해야 한다는 점을 의식하고 열정을 가지고 작업에 들어가자.

POINT

숙단사고는 열정이 중요하다. 열정이야말로 숙단사고의 에너지원이다.

CASE STUDY 실전 상담 2화

상황 개요

나미노는 앞에서 '자신의 가능성을 시험하기 위한 커리어 설계'에 대해 우선 검토하기로 했다. 고민의 배경을 정리하기 위해 숙제도 받았다. 이 작업에 착수하기 전에 나미노는 현재까지 자신의 직업과 회사와의 관계를 되돌아보았다.

다카스기 상사의 주된 업무는, 해외 대기업 브랜드와 라이선스 계약을 맺고 일본에서 그 상품을 판매하는 것이다. 이들 해외 브랜드의 점포는 전국의 일류 백화점에 입점해 있지만, 자사 상품을 판매하는 독자적인 브랜드의 지명도는 높지 않다. 입점도 해외 브랜드와 비교하면 작은 백화점이나 쇼핑센터가 중심이다.

해외 브랜드의 관련 업무는 순조롭다. 최근에는 고급 브랜드의 직영점이 너무나 당연한 듯이 일본에 진출하고 있다. 예전에는 일본 시장이 앞날을 예측할 수 없었기 때문에 자동적으로 인센티브가 들어오는 라이선스 계약이 좋았지만, 앞으로 제휴 브랜드가 계약을 연장하지 않고 자사에서 일본 시장으로 직접 나올 가능성도 배제할 수 없다.

여기에서 나미노는, 지금 자사가 스탠드 얼론(stand-alone)[12]으로 비즈니스를 늘려 가야 한다는 필요성을 느끼고 있지만 본인은 크리에이터로서의 능력은 없다고 자각하고 있다. 그러나 패션 아이템의 시장성을 판단하는 역할은 자신이 있기 때문에, 일본에서는 아직 인지도가 낮지만 '이 정도면'이라고 생각하는 브랜드와 상품을 메인으로 소개하는 편집숍(select shop)을 오픈하고 싶어 한다.

회사 동료들에게는 비밀로 하고 블로그를 운영하고 있는데, 유명 · 무명을 따지지 않고 주목할 만한 패션 아이템을 소개하는 블로그로 꽤 많은 구독자를 보유하고 있다. 편집숍이 오픈할 때에는 정체를 밝히고 블로그에 알릴 생각도 있다. 일본에서는 인지도가 낮지만 본인의 블로그에서 다룬 적이 있는 매력적인 브랜드와 상품을 소개하는 것은 나미노 자신에게 큰 동기부여가 되며, 동시에 사업을 하는 데 있어서 경쟁력 우위도 된다. 다행인 것은 눈독 들이고 있는 몇 가지 브랜드와 연결 고리를 찾을 수 있는 느낌도 든다는 것이다. 편집숍에서 먼저 판매하다가 이를 계기로 라이선스 계약으로 발전하는 일도 기대하고 있는 상황이다.

또 자사 상품을 진열하는 편집숍은 드물지 않다. 이 신규 사업의 이점은 편집숍 자체만으로 이익을 볼 수 있을뿐더러 일

---

12) 다른 어떤 장치의 도움도 필요 없이 그것만으로 완비된 장치를 뜻한다. 혹은 독립적으로 운용 가능한 상태를 말한다.

본에서는 좀처럼 볼 수 없는 상품을 찾기 위해 숍을 찾는 손님들에게 다카스기 상사의 상품도 소개할 수 있는 기회가 생기기때문에 새로운 방법으로 자사 브랜드의 지명도를 높일 수 있다고 생각하고 있다. 이전에 스즈키 부장에게 제안한 것도 그 기획이며 독립해서 창업하려고 생각하고 있는 것도 바로 이 편집숍이다.

다른 회사로의 이직은 생각하지 않고 있다. 스즈키 부장과 사이가 나쁘긴 하지만, 기업에서 일을 해야 한다면 지금 자신에게 다카스기 상사 이상으로 좋은 회사는 없다고 생각하기 때문이다.

그러므로 나미노는 다음에 나오는 숙제를 작성했다. 다만, 숙제 ③에 대해서는 일이 바빠 시간을 낼 수 없어서 손을 못 댄 상태이다.

문제의 프레임 설정을 굳히기 위한 단계

숙제 ①

'언제쯤, 어떻게 성공하고 싶은가'를 생각하고 관련하여 몇 가지든 생각나는 대로 리스트업한다.

숙제 ②

①의 리스트의 실현을 향해 '자신이 무엇이 가능하며 어떻게 하면 그것을 실현할 수 있을까?'와 같은 의사 결정 항목과, 거기서 얻을 수 있는 선택지를 가능한 창조성과 풍부한 상상력을 이용한 아이디어로 생각해 내고 리스트업한다. 또한 머리와 마음에 떠오르는 항목(그중에는 불안 요소나 신경 쓰이는 것, 기쁠 것 같은 장면을 구체적으로 떠오르는 모든 생각을 포함시킨다)을 모아서 써내려 간다.

숙제 ③

②의 리스트가 완성되었으면, 그 항목을 '의사 결정 항목과 선택지', '불확실 요인', '가치판단 척도'의 세 가지로 구분한다.

숙제 ① 언제쯤, 어떻게 성공하고 싶은가

A: 가능한 빨리 현재의 상품개발부 스즈키 부장이 사이가 좋은 다나카 부장 등의 다른 인물로 바뀐다.

B: 3년 후를 목표로 기를 쓰고 일해서 자신이 부장이 되는 것을 노린다.

C: 반년 후에 사내 벤처 제도에 응모하여 채택된다.

D: 반년 후에 독립하여 회사를 만든다.

숙제 ② 무엇이 가능하고 어떻게 실현할 것인가

● 의사 결정 항목

　· 앞으로의 커리어를 정한다.

● 선택지

　· 지금의 부서에서 계속 일한다.

　· 사내 벤처 제도에 응모한다.

　· 독립하여 회사를 만든다.

● 머리와 마음에 떠오르는 항목

　○ 불안

　· 이대로 사이가 좋지 않은 스즈키 부장과 계속 일을 해도 괜찮을까?

　· 사내 벤처 제도에 응모하면 채용될 수 있을까?

　· 독립하면 잘 해 나갈 수 있을끼?

　· 사내 벤처나 사업을 했는데 편집숍이 실패한다면 재기할 수 있을까?

　· 계속 일을 한다면, 갑자기 회사가 어려워져서 일을 계속할 수 없게 되지는
　　않을까?

　○ 기쁨

　· 입사 후부터 도움을 받고 있는 다나카 부장 밑에서 일한다.

　· 사내 벤처 제도로 성공한다.

　· 독립하여 새로운 필드에 뛰어든다.

나미노의 계획을 들은 이시무로의 의문점

나미노는 사내 벤처 제도에 응모한다는 기획은 잘만 된다면 가치 있는 일이라고 생각하지만, 독립해서 창업하고 싶다(편집숍 오픈)는 욕심도 상당하다고 말한다. 이시무로는 이 말을 듣고 숙제 ②에서 언급한 불안한 점에서 자금 조달과 관련된 항목은 포함되어 있지 않다는 대목에 의문을 제기했다.

이 점을 확인한 결과, 다카스기 상사에서는 이상주의자인 사장 덕택에 사원을 중요하게 생각하는 회사 방침을 갖고 있다는 것이었다. 즉 통근하는 데 헛되이 에너지를 소비하지 않고 일에만 몰두할 수 있도록 회사와 가까운 곳에 거주할 수 있도록 주택수당까지 나오고 있는 혜택을 주고 있다. 그것도 다른 회사와 비교하면 파격적인 금액이다. 집값을 크게 절약할 수 있어서 41세인 나미노의 저축은 3천만 엔 가까이 된다.

회사를 설립하는 경우 길모퉁이에 작은 점포를 여는 것을 생각하고 있는데 2년 정도 전에 도쿄에서 역과 가까운 뒷골목에 편집숍을 오픈한 나미노의 지인이 계약과 매입, 내부 설비에 들인 금액이 약 1천5백만 엔이라고 했다. 상품 단가는 나미노 쪽이 훨씬 높겠지만, 현재 살고 있는 곳(도쿄가 아님)이나 경우에 따라서는 가나가와 현에서 개업을 할 수도 있으므로 점포 자체에 드는 금액을 그만큼 줄일 수 있다. 그러므로 나미노도 1천5백만 엔 선이 될 것이라고 예상하고 있다.

또한, 본인에게 자금이 있다고 하더라도 기본적으로 저축에는 손을 대지 않을 생각이어서 고향의 지방은행에 요직으로 있는 대학 동기에게 융자에 관해 도움을 받을 예정이다.

애당초 사업 규모는 가족에게 폐를 끼치지 않는 선에서 하겠다는 생각이다. '이거라면 확실하다!'라고 생각되는 특가 상품만 확보할 수 있다면 그 뒤에는 융자로 어느 정도의 금액을 확보해서 점포와 재고 규모를 생각하는 순서로 갈 생각이다. 이와 같은 근거로 나미노는 자금 문제는 불확실 요인으로 리스트업하지 않아도 된다는 결론을 내렸다.

이시무로의 조언

숙제 ①의 '언제쯤'의 설정에 문제가 있다. 원래는 시기를 구체적으로 적어야 하지만 A에 대해서는 우선 빨리라고밖에 말할 수 없기 때문에 이것으로도 괜찮다. B도 자세히 따져 볼 필요는 있지만 큰 문제가 되지 않는다. 그러나 C와 D에 대해서는, 반년은 사내 벤처 제도에서 기획이 통과 가능한지 판명되는 시점일 뿐이며, 독립해서 창업을 하는 경우에는 퇴직해서 사업에 착수하는 시점까지만 생각하였으므로 수정이 필요하다. 어디까지나 원래 목적은 시작만 하면 된다는 것이 아니라 '사내 벤처나 사업이 실제로 성공하는 것'이다.

숙제 ②는 이직하지 않는 경우와 자금 조달에 따라 사업 규모를 생각해 본다는 것을 전제조건으로 하여 리스트를 잘 좁혀 나갔다. 리스트업된 항목에서 '언제쯤 어떻게 성공하고 싶다'는 목표에 영향을 주지 않는 작은 항목들은 보이지 않는다. 기본적으로는 이대로 숙제 ③의 검토 재료가 될 수 있지만, 독립해서 창업을 하는 경우 자금 조달의 문제 이외에도 조금 신경 쓰이는 것이 있다.

'계속 일한다고 했을 때, 갑자기 회사가 어려워져서 더 이상 일할 수 없게 되는 것은 아닐까?'와 같은 불안에 대해서는, 이번의 의사 결정과는 상관이 없으며 기본적으로는 모든 사회인이 공통적으로 생각하는 불확실 요인이므로, 적어도 다카스기 상사의 업적과 나미노의 생활을 생각하면 무시할 수 있는 시나리오이기 때문에 포함시키지 않는다.

나미노는 가족을 소중히 생각하기 때문에 사내 벤처 제도든, 창업을 하여 편집숍을 오픈하든 바빠질 것이 분명하므로 불안해하고 있다. 따라서 '가족과의 시간을 확보할 수 있을까?'와 같은 항목도 넣으면 좋겠다. '불확실 요인'과 '가치판단 척도'의 분류에 대해서는 숙제 ②의 '불안'이 불확실 요인, '기쁨'이 가치판단 척도의 기본이 된다.

또한 선택지를 채택한 결과로 일어날 수 있는 불안한 미래 — 예를 들면 '편집숍이 성공하지 못했다'와 같은 것은 자신의 노력만으로는 결정할 수 없는, 불확실성에 의해 좌우되는 미래이며 성공할 가능성도 당연히 제로는 아니다. 이처럼 구체적인 미래가 떠오르는 경우는 '편집숍이 성공한다'는 기분 좋은 미래도 고려해서 불확실 요인을 생각해 둔다.

불확실 요인으로는, 그것이 실제로 일어났을 때 새로운 항목이 불어날 수도 있다. 나미노의 경우 사업을 해서 성공하지 못했을 경우 재취업이라는 선택지에 대한 불확실 요인도 생각해야 한다.

가치판단 척도의 리스트업에 대해서는, 나미노가 리스트업한 '기쁨'에 대해 이시무로가 물었다.

스즈키 부장과 사이가 나빠도 지금 회사와 부서에는 기본적으로는 만족하고 있다. 그러나 스즈키 부장과의 인간관계가 신경 쓰이지 않는 것도 아니라는 나미노의 설명을 듣고 숙제 ②가 다시 생각났다.

결론

나미노는 이시무로의 조언과 토론의 결과 숙제 ①을 다음과 같이 수정하고 숙제 ③을 세 부분으로 분류했다.

다음 번 토론에서는 구체적인 복수의 선택지를 검증하는 단계로 들어간다. 나미노에게는 이번에 리스트업한 대략의 선택지를 자세하게 조사하기 위해 실제 나미노 자신이 할 수 있는 항목을 명확히 하라는 숙제가 주어졌다.

숙제 ① (이시무로로부터 받은 조언을 바탕으로 수정한 것)

A: 되도록 빨리 현재의 상품개발부 스즈키 부장이 사이가 좋은 다나카 부장 등으로 바뀐다.

B: 3년 후를 목표로 열심히 일해서 자신이 부장이 되는 것을 기대한다.

C: 반년 후에 사내 벤처 제도에 채택되어 3년 후에는 성공을 거둔다.

D: 반년 후에는 독립하여 창업을 해서 3년 후 성공을 목표로 한다.

숙제 ② (이시무로와의 토론을 기반으로 작성)

● 의사 결정 항목

　· 앞으로의 커리어를 정한다.

● 선택지

　· 지금의 부서에서 계속 근무한다.
　· 사내 벤처 제도에 응모한다.
　· 독립하여 창업을 한다.

● 불확실 요인

지금의 부서에서 계속 근무하는 경우의 불확실 요인:

　· 스즈키 부장과의 관계
　　(점점 회복해 갈 수 있을까, 아니면 특별히 변하지 않을까?)
　· 스즈키 부장이나 나 자신이 승진하게 되어 같은 부서에서 근무하지 않게 된다.

사내 벤처 제도에 응모하는 경우의 불확실 요인:

　· 응모해도 채택될지 어떨지 모른다.
　· 채택되어도 성공한다는 보장이 없다.
　· 편집숍 사업의 시작으로 바빠지게 되어 가족과 많은 시간을 보낼 수 없을지도 모른다.

숙제 ③ (이시무로와의 토론을 기반으로 작성)

독립하여 창업을 하는 경우의 불확실 요인:

· 창업을 해도 성공한다는 보장은 없다.

· 편집숍을 시작하면 바빠지므로 가족과 시간을 보낼 수 없을지도
  모른다.

독립하여 창업을 해서 성공하지 못하는 경우의 불확실 요인:

· 지금의 직장과 같은 대우로 재취업할 수 있을까?

● 가치판단 척도

· 일의 보람

· 대우 ·급여

· 가족과의 친밀한 관계

· 업무에서 발생하는 인간관계 스트레스

(132쪽 3화에서 계속)

3 장

선택지
펼쳐 보기

Consider Your Options

자신의 선택지가 어떤 것들이 있는지 아는 것은 무척 중요하다.
과거의 매몰 비용은 과감하게 잊어버리고,
철저하게 현실적이고 구체적인 선택지를 찾아보자.

과거는 흘러갔다, 앞으로의 일만 생각하라

지금부터는 프레임 설정으로 리스트업한 것을 숙단사고의 기본이 되는 세 가지 항목으로 정밀하게 조사하는 단계로 들어가 보자.

우선, 선택지에 포함된 항목이 '앞으로의 일'에서 '실제로 행동을 취할 수 있는 것'인지를 확인한다. 언뜻 생각해 보면 당연한 일 같지만 연수나 컨설팅 현장에서 가끔 자신이 실행할 수 없는 선택지를 열거하는 사람들을 보곤 한다.

또한 과거에 후회나 미련이 있는 사람이 선택지를 열거하는 과정에서 과거를 되돌아보고 '이렇게 했더라면 좋았을 걸······' 하며 소극적으로 변해 앞으로 실행 가능한 선택지에 희망이나 자신감을 가질 수 없게 되는 경우도 있다.

디시전 매니지먼트의 근본은 앞으로의 일에 대해 '모든 것은 하기 나름'이라고 긍정적으로 생각하는 강한 의지이다.

마음 속 깊이 이렇게 생각할 수 없다면 과거에 있었던 후회를 끌어들여 '그때 이렇게 했더라면……', '원래는 더 잘 됐어야 했는데!' 하고 마음에 걸리던 것을 무의식 중에 선택지에 포함시켜 버리는 경우가 있다. 그리고 그러한 항목은 대부분의 경우 자세히 조사할 것도 없이 이미 불가능한 것이 되어 있다.

POINT

후회는 의사 결정에 방해가 된다. 과거의 후회는 잊고 할 수 있다는 긍정적인 생각으로 선택지를 만들어야 한다.

현상 유지는 반드시 선택지에 남겨 둔다

한 가지 더, 일어나기 쉬운 실수가 있다. 원치 않는다고 해서 현상 유지에 대한 것을 선택지에서 생략시켜 버리는 것이다. 앞 장에서 '문제에 직면하기 위한 의사 결정 항목과 선택지가 자신을 흥분시킬 수 없다면 숙단사고를 할 에너지가 솟아나지 않는다'라고 말했듯이, 어떠한 의사 결정이라도 현상 유지 내지는 연장이라는 선택지를 남겨 두어야 한다.

CASE STUDY의 나미노 씨의 예가 여기에 속한다. 순수하게 기쁨만 비교한다면 그에게 '지금의 부서에서 계속 근무한다'는 선택지는 사내 벤처 제도에 응모하거나 사업을 시작해서 편집숍을 세운다는 것보다 매력이 없는 것임에 틀림없다. 그러나 '잘만 된다면 무엇보다도 기쁜 상황이 실현될 수 있는 선택지'를 선택했다고 해서 적합한 의사 결정을 할 수 있는 것은 아니다. 반대로 사업을 해서 대성공을 거둘 수만 있다면 틀림없이 매우 기쁘겠지만, 현상 유지와 비교한 후에 의사 결정을 해야 한다는 것은 매우 중요한 일이다. 그러므로 기쁘지 않은 선택지를 일부러 만들 필요는 없지만 아무리 기쁘지 않은 것이라도 현상 유지는 반드시 선택지에 포함시켜야 한다.

POINT

원치 않는 선택지라도 반드시 남겨 두어서 과도한 기대와 희망이 초래하는 그릇된 결정에 대비하라.

할 수 있는 것을 구체화하라

선택지 확인이 거의 끝나면 다음은 각 선택지에 대해 어떠한 액션을 취할지 구체적으로 생각한다. 여러 번 언급해 왔지만 의사 결정은 '변화하겠다', '리딩 컴퍼니가 되겠다'와 같이 그저 위세등등한 선언이 아닌, '변화하기 위해서 ○○하겠다', '리딩 컴퍼니가 되기 위해서 □□와 같이 노력하겠다'와 같은 구체적인 내용이어야 한다.

숙단사고에서는 이 ○○와 □□에 대한 것을 리소스 얼로케이션(resource allocation),[13] 경영 자원 배분을 가능한 형태로 구체화·명세화하라고 한다. '선택지의 내용을 생각하는 것'이라고 인식하면 되겠다.

또한 프레임 설성의 단계에서 대강 검토한 것을 여기에서 다시 한 번 '구체적인 액션이 가능한 것인지' 확인한다. 혹시 여기에서 자신이 할 수 있는 액션이 떠오르지 않는 선택지가 있다면 그 선택지는 제거해야 한다.

그리고 기본적으로 마음속에서 일어나는 움직임은 선택지의 내용에 포함시키지 않는다. 반대로, 여러분이 직장 상사로부터 괴롭힘을 당하고 있다거나 그 외에 다른 고민이 있다면 그것을

---

13) 제한된 자원을 합리적으로 배분하는 행위.

모두 포함하여 앞으로의 움직임에 대해 숙단사고를 해야 한다.

이 경우 '지금의 직장에서 계속 일한다'는 선택지를 잡아야 한다면, 일을 할 때 '상사가 바뀌기를 바란다'는 감정이 솟구쳐 오를 것이다. 하지만 이러한 생각은 아직 선택지의 내용으로 충분하지 않다는 것을 인식하자. 확실하게 일어날 것이라고 예상되는 감정이라면 그 감정을 기반으로 어떠한 액션을 취해야 할지 생각해야 한다. 즉, '상사가 바뀌었으면 좋겠다고 생각하지만, 그것은 내가 할 수 있는 일이 아니다' → '그렇다면 실컷 괴롭혀서 되갚아 주겠다' → '괴롭힘 당하지 않도록 ○○에 초점을 두고 (구체적인 방법을 생각한 후) 일한다'와 같은 식으로 실제로 취할 행동을 명세화한다.

POINT

선택지에 대한 액션은 자신이 할 수 있는 내용만을 구체적으로 정리하라.

생애 마지막 한 마디 '유언 전략'이 발상을 자유롭게

유언이라니 기분 나쁘게 들릴지도 모르겠다. 하지만 선택지의 내용을 생각할 때 반드시 짚고 넘어가야 할 포인트는 '유언 전략' 발상으로 자유롭게 생각해 보자는 것이다.

유언 전략은 필자가 만들어 낸 단어다. 여기에는 두 가지 의미가 있다. 한 가지는 회사를 그만둘 때 동료들에게 '이것만큼은 당부하고 싶은 말'을 의미한다. 계속 일을 한다면 회사 내에서의 충돌이 신경 쓰여 참고 있었겠지만, 아버지가 쓰러지셔서 가업을 이어야 해 회사를 그만두게 되었을 때라면 '우리 회사는 좀 더 이렇게 해야 한다!', '이 사업은 채산이 맞지 않기 때문에 즉시 그만두어야 한다!', '이런 사업이야말로 적극적으로 착수해야 한다!' 등의 마음속에 있던 말을 하겠다는 의미의 '유언'이다.

또 한 가지는, 이 세상을 떠날 때 아이들에게 '아버지, 어머니는 이런 일을 해서 너희들을 먹여 키웠었다'라고 자신있게 말할 수 있는 일과 언행을 해 왔는지, 가슴에 손을 올리고 생각하는 것이다. 생각해 본 결과가 '아! 나는 이런 일에 내 인생을 바쳤던가. 내 자식들에게도 그리고 나를 낳고 길러 주신 부모님에게도 이런 것은 부끄럽고 한심해서 말할 수 없다'고 생각된다면, 가능한 빨리 그런 일은 그만두고 모든 일은 자신이 하기 나름이라는 생각으로 한 발짝 나아간다는 의미이다.

지금 놓여진 현실에 불만이 있는 사람일수록 그런 상태를 타파하기 위해서 의사 결정을 할 때, 여러 가지 굴레에 묶여 자유롭게 선택지를 생각하지 못하는 경우가 많다. 그러한 자각이 있는 분들은 꼭 유언 전략을 이용하여 자신이 정말로 하고 싶은 것, 즐겁다고 생각하는 일은 무엇인지를 편안하게 생각해 보자.

POINT

유언 전략을 염두에 둔 발상은 생각지도 못한 것까지 반영할 수 있게 하므로 의사 결정에 도움이 된다.

매몰 비용과 획득 자산

중요한 포인트가 한 가지 더 있다. '매몰 비용(sunk cost)'에 묶이지 않고 '획득 자산(gained asset)'만 생각하는 것이다.

매몰 비용은 이미 소비해서 '묻혀 버린' 비용·경영 자원을 의미한다. '과거는 바꿀 수 없는 것이기 때문에 매몰 비용에 끌려 다니는 어리석은 의사 결정을 하지 말자!'는 뜻으로 사용되는 경제 용어이다. 반면에 획득 자산은 매몰 비용의 의미를 쉽게 이해하기 위해서 필자가 만든 단어이다.

이것은 비즈니스에 있어 집단 의사 결정으로도 매우 일어나기 쉬운 문제이다. 사람은 어떻게든 매몰 비용에 끌려 다니기 마련이다.

예를 들면 몇 년이나 되는 시간, 몇 억 원 또는 몇 십억 원이라는 자금을 쏟은 결과가 좋게 나오지 않는 프로젝트가 있다. 그러한 프로젝트는 장기적으로 그것을 계속할 것인지, 중단할 것인지와 같은 의제가 떠오르게 된다. 여기서 숙단사고를 거친 후에 계속 진행한다는 결단을 내린 것이 아니라 '이렇게나 많은 시간과 돈을 사용했기 때문에……'처럼 아까운 마음에 매몰 비용에 질질 끌려 다니며 계속 투자하는 쪽으로 기우는 경험을 한 분들이 많을 것이다.

그 마음은 잘 알겠지만, 매몰 비용은 몇 번이고 다시 생각한다고 해도 다시 찾을 수 있는 것이 아니다. 의사 결정 선택지에는 '앞으로의 일'만 포함된다. 그러므로 생각하는 요소도 '앞으로의 일'에 초점을 맞추자.

그럼에도 불구하고 매몰 비용에 눈이 가게 되는 보통의 평범한 사람들을 위해 긍정적으로 시점을 전환하기 위한 착안점이 바로 획득 자산이다.

매몰 비용은 이미 되돌릴 수 없는 것이다. 그러나 그 결과로 얻게 되는 것(설비와 기술, 개인에게 축적된 경험과 지식 등)이 있다. 그것이 바로 획득 자산이다.

의사 결정을 할 때는 각 선택지를 저울에 올려놓고 획득 자산의 영향을 고려하는 것이 가능하며, 또한 고려해야 한다. 그렇게 생각하는 것만으로도 '아깝다'는 생각을 불식시키며 매몰 비용의 환각에 끌려 다니는 일 없이 미래지향적 의사 결정이 가능하게 된다.

이 책 서장에서 후회와 반성에 대해 이야기했다. 매몰 비용에 붙잡힌 마음은 후회로 연결된다. '후회와 매몰 비용'를 기반으로 한 소극적 지향이나 소극적 사고가 아닌, (이미 발생한 매몰 비용에 대한) '반성과 획득 자산'을 발판으로 미래 지향적 사고를 하기 위한 구조가 숙단사고이다.

이에 덧붙여, 매몰 비용에 대한 해설문을 보면 때때로 '원하지 않는 결과에 도달한 투자'를 매몰 비용이라고 말한 해설서를 보곤 한다. 이와 같은 글을 읽으면 착각할 수 있지만, 같은 획득 자산이라도 선택지에 따라 긍정적으로 작용하기도 하고 부정적으로 작용하기도 한다는 것을 알아두어야 한다. 그리고 지금 현재까지의 지나간 투자와 비용은, 지금까지의 결과가 좋든 좋지 않든 상관없이 모두 매몰 비용이라고 생각하자.

이미 매몰 비용이 되어 버린 경영 자원의 투입 결과로 얻은 획득 자산의 영향을 선택지에 반영한다. 그런 다음 각각 예상되는 결과를 보면서 복수의 선택지를 비교하는 것으로 실무적인 혼란을 막을 수 있고 적합한 판단을 내릴 수 있다.

매몰 비용은 돌이킬 수 없는 과거일 뿐이다. 대신 매몰 비용이 낮은 획득 자산에 주목하자. 획득 자산은 선택지에 따라 긍정적으로 혹은 부정적으로 작용하기도 한다.

숙단사고로 진심으로 원하는 것을 알아낸다

마지막으로, 선택지와 그 내용을 생각하는 방법에 대해서 한 가지 예를 소개하겠다.

전업 주부인 D는 남편이 일찍 세상을 떠나 집 근처에 있는 회사의 경리부에 아르바이트로 들어갔으나 일을 잘한다는 평가를 받고 계약사원에서 정사원이 되고 2년 전에 경리 과장으로 승진하였다.

그리고 3년 후에는 지금의 경리 부장이 정년을 맞기 때문에 사장으로부터 경리 부장을 해 줬으면 좋겠다는 이야기를 들었다. D는 영광이었지만 주부로 지냈던 시간 동안의 공백이 자격지심으로 작용하여 '열심히 해서 여기까지는 왔지만, 이 이상 도전은 무리이지 않을까?'라는 생각에 걱정하기 시작했다.

지금 이 자리까지 자신을 믿어 준 회사에 자신의 부족함으로 폐를 끼치면 안 된다는 생각에 '경리 부장까지는 도전하지 않겠다'는 선택지를 고민하고 있다.

경리 부장에 도전을 할 것인가, 아니면 여기서 멈출 것인가와 같은 선택지에 대해서 숙단사고로 의사 결정을 할 때, 도전하지 않을 경우에는 단순히 '하기 싫다'는 뜻을 넌지시 비치는 것이 아니라 경리 부장으로 선택되지 않기 위해서 스스로 경영 자원을 배분해야 한다. 이상한 말이지만, '경리 부장으로 승진하지 않도록 적극적으로 행동'할 필요가 있다.

이때 D가 경리 부장 승진에 도전하는 경우는,

- 회사의 중요한 과제·문제점을 찾아내거나 해결안을 만드는 등 부장이 관여하는 업무에도 적극적으로 대응하며 리더십을 발휘한다.
- 경리 부장의 업무 전체를 이해하여 자신이 3년 후에 그 직무를 맡을 수 있도록 부장의 도움을 받으면서 과장 업무 이외의 분야에도 몰두한다.
- 부장이 되기 위해 필요한 경영, 경리에 대한 공부를 한다.

와 같은 것이 된다. 반면에 도전하지 않는 경우는,

- 과제가 있어도 못 본 척한다.
- 일에 나서도록 지시받거나 간접적으로 표현을 해도 눈치 채지 못한

척하고, 만일 일을 하게 되더라도 못하는 척한다.

• 그러한 상황에 빠지지 않도록 능숙하게 피한다. (예를 들어, 그 자리의 분위기가 부장 승진에 대한 화제를 다루게 되면 사장의 취미 이야기 같은 것으로 관심을 돌려 잡담 모드에 들어가게 한다든지 해서 불편한 상황을 모면하는 행동 방법이다.)

와 같은 내용이 될 것이다.

이것을 보고 '이러한 자세로 업무를 대해도 되는 걸까?' 하고 어처구니없어 하는 분들도 많을 것이다. 그러나 지금껏 성실하게 일해 오면서 아르바이트에서 시작해 경리 부장의 후계자로 지명된 인재가 '경리 부장이 되지 않기 위해서'는 이 정도의 액션은 취해야 부장 승진에서 멀어질 수 있다.

실제로 이 의사 결정의 예를 연수에서 소개한 적이 있다. 처음에는 선택지만 보고 '도전하지 않는다'를 선택했지만, 그 선택지의 내용을 의논하면서 도전하는 편이 낫다고 생각을 바꾸는 연수생들이 많았다.

반대로 말하자면, 실제로 이러한 의사 결정을 해야 하는 사람 대부분이 숙단사고를 하고 있었다면 도전하는 것을 선택했겠지만, 숙단사고를 하지 않았던 까닭에 도전을 그만두게 되었다고 말할 수 있다.

POINT

숙단사고는 자신도 몰랐던 자신의 마음을 알 수 있게 도와준다.

선택지 내용은 철저하게 현실적으로

자세한 내용은 다음 장에서 설명하겠지만 잠깐 짚고 넘어가
도록 하겠다.

D의 의사 결정에 있어서 선택지 각각의 불확실 요인으로는

① 도전한 결과가 잘 되어서 경리 부장으로 지명되어 그 직무를 완수
   한다.
② 도전해서 경리 부장을 목표로 했지만, 일이 잘되지 않아 결국 경리
   부장으로 지명되지 못한다.
③ 도전하지 않고 특별한 승진 없이 현 상태로 적당한 위치에서 편안
   함을 추구한다.
④ 도전하지 않은 결과 능력과 의욕이 부족하다고 지적당해 지금의 과
   장 자리마저 위험하게 된다.

와 같이 '도전한 결과가 좋다와 좋지 않다', '도전하지 않은 결

과가 좋다와 좋지 않다'의 네 가지 시나리오를 생각할 수 있다.

그리고 디시전 매니지먼트에서 '시나리오'라는 말은, 어떤 선택지를 정한 다음 자신의 액션만으로는 아무런 영향도 끼칠 수 없는 불확실 요인의 결과를 의미한다. 신이 아닌 인간이 스스로 컨트롤할 수 없는 요소, 즉 불확실 요인은 많이 있다. 그 불확실 요인이 어떻게 움직이는가가 바로 시나리오이다. 일반적으로는 시나리오를 선택과 같은 의미로 사용하는 경우도 있지만, 숙단사고에서는 의사 결정을 할 때 스스로 선택하는 선택지와 자신이 컨트롤할 수 없는 불확실 요인이 어떻게 움직이는가에 대한 시나리오를 명확하게 나누어서 생각해야 한다.

다시 본론으로 돌아와서, 지금까지의 시나리오 내용을 명확하게 이해한다면 '불안감은 크지만 ③보다는 ②의 경우가 더 기쁘지 않을까?'라고 생각하는 사람이 많을지도 모른다.

그렇게 되면, 도전해서 기쁘지 않은 사람의 시나리오 ②가 도전하지 않아서 기쁜 사람의 시나리오 ③보다 기쁨의 크기가 크다고 생각하기 때문에 '도전한다'와 같은 의사 결정을 하는 것이 일반적인 사고 방법이 될 것이다.

그러나 선택지의 내용을 음미하여 충분히 이해한 후 시나리오 검토에 들어가야 한다. 그러지 않으면 예를 들어, 시나리오의 내용을 ③의 '도전하지 않고 좋은 결과가 나오다', ④ '도전하지 않아 좋지 않은 결과가 나오다'에 대한 충분한 검토가 부족하여, '역시나 불안한 마음을 떨쳐 낼 수 없으므로 도전하지 않는 편이 좋겠다'라고 숙단사고를 할 때와는 다른 결단을 내리게 될지도 모른다. (숙단한 결과로 선택했다면 도전하지 않는다는 선택지는 틀린 것이 아니다.) 따라서 확실하게 의사 결정을 해야 하는 선택지가 정해지면, 그다지 내키지 않는 요소가 있어도 그 내키지 않는 요소를 어떻게 최소화할 것인가에 대한 아이디어도 포함해서 '그 선택지를 선택하면 자신은 어떠한 액션을 취할까?'에 대해서 철저하게 상상하여 선택지의 내용을 충실하게 만들 필요가 있다.

POINT

자신이 컨트롤할 수 없는 불확실 요인이라면 현실성 있게 더욱 구체적으로 내가 취할 액션의 시나리오를 상상하라. 그러면 내키지 않는 결과가 나오더라도 돌파구를 찾을 수 있다.

경영 자원 투입 정도를 알 수 있는 내용으로

선택지의 내용을 현실성 있게 상상하는 작업을 할 때에는 여러분의 경영 자원(사람, 자원, 돈, 시간)을 어떻게 투입할 것인지도 구체적으로 상상해야 한다.

D를 예로 들면, 단순히 '노력한다'만이 아닌 '경리 부장의 업무가 가능할 수 있도록 공부한다'라고 구체적으로 상상했다. 그리고 **CASE STUDY**의 예로 말하자면, 사내 벤처 제도에 응모한다는 선택지의 내용은 '응모가 뽑힐 수 있도록 노력한다'가 아닌 '사장이 고개를 끄덕일 만한 사업 계획서를 만들기 위해 사내나 해외 브랜드와 사전 교섭을 한다'라고 했다. 이처럼 취할 액션의 내용이 무엇보다 확실해야 한다.

집단의 경우는 보다 구체적으로 사람, 자원, 돈과 같은 투입 자원의 질과 양을 명확하게 규정할 필요가 있다.

자신이 그 선택지를 선택하면 구체적으로 무엇을 해야 하는지, 경우에 따라서는 무언가를 희생할 수도 있다는 것을 상상하지 않으면, 원래 선택한 선택지를 포기하거나 반대로 선택하지 않았을 선택지를 선택하는 경우도 있다.

단, 액션을 취할 내용을 구체적으로 상상할 때 주의해야 하는 것이 있다. 구체적으로 상상하다 보면 지나치게 파고 들게 될 수도 있다는 점이다.

D는, 경리 부장이 되기 위해 도전하기로 결정하고 공부를 한다고 액션을 취하는 경우, 주 1회는 반드시 부장에게 배우기로 한다, 업무가 끝나면 MBA를 취득하기 위해 ○○비즈니스 스쿨에 다닌다거나 어떤 책을 읽어야 할까와 같이 얼마든지 그 내용을 파고들 수 있다. 그러나 지나치게 파고 들면 끝

이 없다. 구체적으로 생각하는 것도 중요하지만 동시에 어느 정도의 레벨에서 그만둘 필요도 있다.

그 정도를 잘 판단하기 어렵다는 분들은 '이 정도 했으면 다음에 이런 상황이 오면 자동 반사적으로 판단할 수 있겠지······'라고 생각할 수 있을 정도면 충분하다.

POINT

자원 투입량의 조절도 중요하다. 지나치게 욕심을 부리면 결과를 보기도 전에 지칠지도 모른다.

CASE STUDY   실전 상담 3화

상황 개요

CASE STUDY 2화의 검토에서 '지금의 부서에서 계속 일한다', '사내 벤처 제도에 응모한다', '독립하여 창업을 한다'의 세 가지 선택지를 리스트업했다.

그리고 이시무로의 숙제였던 '선택지의 내용은 나미노가 실제로 취할 수 있는 항목을 명확히 한다'에 대한 나미노의 답은 다음과 같다.

선택지 열거

- 지금의 부서

· 자신의 업무의 수준과 질을 높인다.

· 상사가 보다 대하기 쉬운 사람으로 바뀌기를 바란다.

- 사내 벤처

· 사업 구상의 구체화와 함께 사업 계획서를 만든다.

· 눈여겨보고 있는 사내 동료나 브랜드에 손을 쓴다.

· 채택이 된다면 성공하기 위해 최대한의 노력을 한다.

- 독립·창업

· 사업 구상을 구체화한다.

· 사업 계획서를 작성하여 금융기관과 상담한다.

· '이것!'이라고 생각되는 해외 브랜드와 교섭한다.

이시무로의 조언

지금의 부서에서 계속 일하는 경우 '상사가 보다 대하기 쉬운 사람으로 바뀌기를 바란다'에 대한 행동은 마음속에서만 생각하는 것이므로 '상사가 보다 대하기 쉬운 사람으로 바뀌길 바라지만, 가능한 마음의 평정심을 유지하기 위해 노력한다'는 정도로 해 둔다. 가능하면 좀 더 적극적인 액션을 생각해야 한다.

현상 유지의 선택지에 대해 생각할 때는 그 선택지의 문제점이나 기쁨이 없는 점이 다른 선택지와는 다르다는 것을 충분히 알고 있다. 다른 선택지와의 비교 대상으로서 검토를 한다고 해도 그것을 선택한 경우 가능한 개선할 점을 생각해서 포함시켜야 한다.

어떤 선택지이든 간에 선택지가 업무적인 면에서 취해야 할 행동만 정리되어 있다. 가치판단 척도에 '가족과의 친밀한 관계'를 생각해서 ●독립·창업에는 '가족의 이해와 협력을 얻기 위한 소통'이라는 항목을 넣는 것도 좋지 않을까.

나미노는 이시무로의 조언을 듣고 선택지의 내용을 아래와 같이 수정했다.

'상사가 보다 대하기 쉬운 사람으로 바뀌는 것을 원하지만, 가능한 마음의 평정심을 유지하기 위해 노력한다'에 대해서는, '상사와의 친분을 위해 더욱 공부하여 신중하게 대한다'와 같이 새로운 액션을 설정했다. 이 정도만 해도 좋지 않은가?

선택지 열거 (이시무로의 조언을 기반으로 수정한 것)

● 지금의 부서

· 자신의 업무의 수준과 질을 높인다.

· 상사와의 친분을 위해 더욱 공부하여 신중하게 대한다.

● 사내 벤처

· 사업 구상의 구체화와 사업 계획서를 만든다.

· 사내의 동료나 눈여겨보고 있는 브랜드에 손을 쓴다.

· 채용된다면 성공하기 위해 최대한의 노력을 한다.

● 독립·창업

· 사업 구상을 구체화한다.

· 사업 계획서를 작성하여 금융기관과 상담한다.

· '이것'이라고 생각하는 해외 브랜드와 교섭한다.

· 아내와 아들의 이해와 협력을 얻기 위해 대화한다.

결론

　다음 토론에서는, 프레임 설정에서 대강 리스트업한 불확실 요인들을 자세히 조사하여 각각의 불확실 요인의 대성공, 중간성공, 실패의 세 가지 패턴의 시나리오가 어떠한 결과를 보일지에 대해 생각해 보기로 했다. 나미노에게는 모든 시나리오를 가능한 스스로 생각해 보라는 숙제가 주어졌다.

(159쪽 4화에서 계속)

4 장

불확실성 다루기

Handle Uncertainties

어느 누구도 미래의 일은 알 수 없다. 그래도 우리는 의사 결정을 하고 미래로 나아가야 한다.
좋지 않은 결과가 나올 수도 있다는 사실을 항상 염두에 두되,
복수의 시나리오를 세워 나쁜 결과를 최대한 피해 보자.

최선의 결정, 그리고 결과는 기꺼이

다시 한 번 정리하면, 디시전 매니지먼트의 의사 결정에서 결정할 수 있는 것이 바로 '선택지'이며, 불확실 요인을 어떻게 진행시키는가 하는 것이 '시나리오'이다.

불확실성을 내포하고 있는 일 때문에 우리들의 인생이 생각지도 못한 방향으로 흘러가 버리는 것은 어떠한 방법으로도 피할 수가 없다. 반대로 생각했던 대로 일이 계속 진행된다고 하면 그것은 모든 시나리오가 정말로 우연히 가장 바람직하고 좋은 방향으로 진행된 것일지도 모른다.

그러므로 불확실성의 기본에서는 '적확한 의사 결정'과 '실제 결과'를 나누어 생각하는 것이 필요하다. 이 책에서 이야기

하는 의사 결정은, 좋지 않은 결과가 나올 수도 있다는 것을 대전제로 한다. 그렇다고 좋지 않은 시나리오를 전부 피하려고 한다면 찬스를 잡는 것 또한 불가능해진다.

"최선의 결정, 그리고 나쁜 결과를 기꺼이 받아들일 각오 (Good Decision and Willingness to Risk a Bad Outcome)"

로널드 하워드 교수가 자주 사용하는 말이며, 필자도 항상 클라이언트에게 하는 말이다. 나쁜 결과를 두려워하지 않고, 강한 의사와 각오를 가지고 질 높은 의사 결정을 실행하며 좋은 결과를 향해서 전력을 다하자.

열심히 했는데도 좋지 않은 결과가 나올 것을 두려워하는 마음은 누구에게나 있다. 그렇다고 해서 아무 것도 하지 않고 상황이 개선될 수 있다면 애초에 의사 결정을 할 필요가 없을 것이다. 좋지 않은 결과가 나올 가능성이 있다는 것을 염두에 두고 실제로 다시 되돌릴 수 없는 경영 자원의 배분을 결단하는 것 외에 미래의 가능성을 최대화할 수 있는 방법은 없다.

이 '적확한 의사 결정'과 '실제 발생한 결과를 받아들이는 과제'는 일상생활에서도 항상 분리해서 생각하는 습관을 몸에 익혀야 한다.

우리들 개개인의 인생이나 조직의 앞길에 있어서 미래의 가능성을 최대화하는 현명한 리스크 테이킹(risk taking)[14]은 기쁨이나 이익의 원천이 된다. 그러나 그것을 이해하지 않고 좋지 않은 결과가 나왔을 때, 의사 결정의 질을 따지지 않고 결과의 좋고 나쁨만을 보고 상벌을 결정하는 조직이 적지 않다. 그러한 경영자나 상사 밑에서는 종업원의 도전 정신도 사라질 것이다.

또한 우연히 성공을 손에 넣은 사람이 그 결과만으로 높은 평가를 받는 것도 문제이다. 그것이 당연한 것이 되어 버리면 '노력할 필요가 없다. 우연한 성공을 바라자'는 무책임한 리스크 테이킹이 횡행하게 된다.

둘 중 어느 경우라도 적확한 의사 결정이 아니다. 일어나 버린 결과가 상벌과 평가의 기준이 되어 버리면 사람들이 건실한 노력을 하지 않게 된다. 이러한 일이 없도록 조직에서는 의사 결정의 질 향상을 위해 직원들이 노력할 만한 분위기를 조성하고, 직원들의 의사를 결집해서 질 높은 의사 결정을 내리는 강한 조직을 만들어야 한다.

POINT

좋지 않은 결과가 두려워 머뭇거린다면 한 걸음도 나아가지 못한다.
좀 더 나은 결과를 위해 강한 의지를 가지고 위험도 감수해야 한다.

14) 위험을 받아들이고 모험을 해 본다는 뜻.

미래를 예측하기 위한 노력

좋지 않은 결과가 나올 수도 있다는 사실을 인식하지 않고, 불확실 요인의 시나리오도 생각하지 않으려는 사람들을 크게 두 가지 부류로 나눌 수 있다.

그 한 가지는 '미래에는 반드시 이렇게 된다'는 식으로 불확실 요인의 시나리오를 단순하고 확정적인 미래로 좁혀 보는 타입이다. 장래에 일어날 일은 100% 확신할 수 없다. 불확실 요인에 의해 그 미래와는 전혀 다른 미래에 이를 가능성도 항상 염두에 두어야 한다.

한 가지 미래만 믿고 달려가는 사람은 좋게 말해서 순수하다고 할 수 있지만, 지나치게 천진난만한 사람이다. 경우에 따라서는 일부 극단주의자나 원리주의자들에게서 볼 수 있는 배타적이고 위험한 사상을 갖게 될 수도 있다.

또 한 가지 유형은, 확실한 것이 없다고 해서 '장래에 무슨 일이 일어날지는 아무도 모른다'고 단념해 버리는 타입이다. 이것 역시 문제다. 숙단사고는 평범한 사람 나름대로 미래를 읽으려고 최대한으로 노력하고 그에 근거하여 의사 결정을 하며 미래의 가능성을 최대로 열어 가는 것이다. 미래를 예측하기 위한 최선의 노력은 결코 헛되지 않다. 기업 조직에 속한 사람은 최대한 그렇게 노력해야 한다.

필자는 미래를 읽으려고 노력하지도 않고, 불확실 요인에 정면으로 부딪히려고도 하지 않는 태도를 한가한 '낚시꾼 증후군'이라고 부른다. 미래의 일을 확실하게 알 수는 없다. 그러나 알기 위해 노력하는 의욕과 능력을 가진 사람은 어느 정도 정밀하게 미래를 예측·판단할 수 있는 법이다.

한가한 '낚시꾼'처럼 멍하게 물고기가 걸려들기만 기대하는 것이 아니라 '지금의 낚싯줄과 바늘로 정말 대어를 낚을 수 있을까?', '여기 물고기가 얼마나 있을까?'라는 식으로 예상해 보고 계속해서 낚시법을 공부하며 보다 나은 낚시 성과를 목표로 삼아야 한다.

POINT

알 수 없는 미래라고 해서 가만히 있기보다는 원하는 방향으로 길을 잡고 그 길에 있을 수 있는 장애물이나 행운을 예측하고 준비한다면 자신이 원하는 미래를 만들 수 있지 않을까?

불확실성을 복수의 시나리오로 가시화하라

지금까지는 당사자의 마음가짐에 대해서 설명했다. 이제부터는 실제적인 검토 방법에 대해 설명하겠다. 우선은 프레임 설정으로 리스트업한 불확실 요인을 재조사하여 과하거나 부족한 것이 없는지 재확인한다.

특히 선택지를 자세히 조사할 때, 그 과정에서 어떠한 변화가 있었다면 반드시 그에 따른 새로운 작업이 필요하므로 변화가 있었던 항목을 반영해야 한다. 검토에서 제외하기로 한 선택지가 있을 경우에는 그것과 관련된 불확실 요인도 검토에서 제외한다. 새롭게 추가된 선택지가 있을 경우 그것과 관련된 불확실 요인이 무엇이든 간에 생각할 수 있는 시나리오는 모두 리스트업한다.

그리고 새로 리스트업한 불확실 요인을 재확인한다. 재확인할 때는 복수의 불확실 요인 중 중요하다고 생각되는 것을 선택하는 것이 중요하다. 이 작업을 거쳐야 하는 이유는 불확실 요인이 많으면 많을수록 검증할 요소의 수가 크게 불어나기 때문이다. 그렇다고 이유 없이 제외시키는 것도 문제가 된다. 최종적인 의사 결정을 할 때에는 시나리오에서 새롭게 뻗어 나온 또 다른 시나리오가 적으면 적을수록 검토가 쉬워진다. 그러므로 제외할 수 있는 불확실 요인은 최종적인 검토 단계에서 가능한 한 많이 제외시키는 것이 좋다.

여기에서는 3장의 D의 예를 가지고 의사 결정이 어떻게 세분화되는지 살펴보겠다.

D의 불확실성과 시나리오 ①

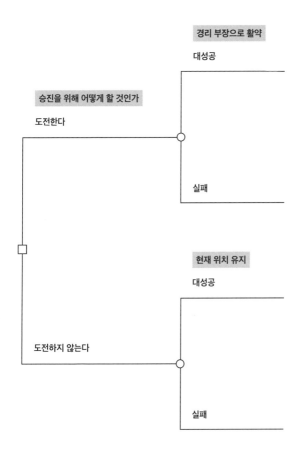

승진을 위해 어떻게 할 것인가

도전한다

경리 부장으로 활약

대성공

실패

도전하지 않는다

현재 위치 유지

대성공

실패

D의 의사 결정 항목은 '경리 부장으로의 승진, 어떻게 해야 하는가?'이며, 선택지는 경리 부장에 '도전한다'와 '도전하지 않는다'라는 두 가지가 있다. 그리고 각각의 선택지에 불확실 요인이 있는 경우에는 선택지에서 성공 정도에 따라 시나리오를 다시 나눠서 생각한다. 덧붙여 말하면 시나리오는 세 가지 정도가 일반적이지만, D의 경우에는 선택지 모두가 불확실 요인으로 '원하는 대로 될지 어떨지 모른다' 즉, 성공한다/하지 못한다의 경계선이 확실히 있다. 3장에서도 설명했듯이 이 경우 선택지는 두 가지 정도로 한다.

- 도전해서 대성공
- 도전해서 실패
- 현재 위지 유지 대성공
- 현재 위치 유지 실패

표와 같이 두 가지의 선택지는 네 가지의 시나리오를 만들어낸다.

또한 하나의 선택지에 불확실 요인이 한 가지씩만 있는 것은 아니다.

지금까지의 노력으로 사내에서 신망을 받아오던 D가 끝까지 도전하지 않는 바람에 주위의 동료로부터 미움을 사게 되

D의 불확실성과 시나리오 ②

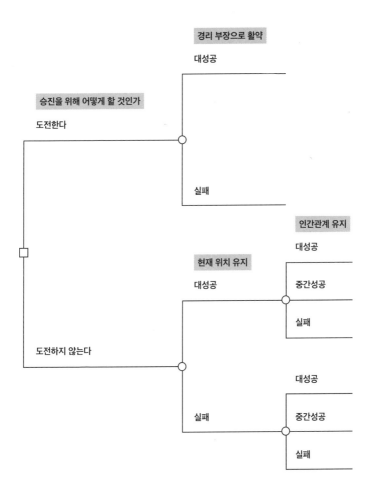

는 것은 아닌지 걱정하는 것도 이상한 일이 아니다.

만일 '도전하지 않는다'의 경우에 '현재 위치 유지가 가능할지 어떨지', '직장에서 인간관계를 유지할 수 있을지'와 같은 두 가지 불확실 요인이 있다면 어떻게 될까. 이런 경우에는 두 번째 불확실 요인을 성공 정도에 따라 나누어 보는 것이다. 직장에서의 인간관계가 '지금까지와 다르지 않다', '평판이 조금 나빠진다', '평판이 많이 나빠진다'와 같은 대성공, 중간성공, 실패의 세 가지 단계로 나누어 보는 것이다. 즉, 현재 위치 유지에 대해서는 두 가지, 직장에서의 인간관계에 대해서는 세 가지의 새로운 가지가 나오기 때문에 '도전하지 않는다'라는 선택지의 시나리오는 다음과 같다.

- 현재 위치 유지에 성공했고, 인간관계도 변함없다.

  (위치 유지 대성공 × 인간관계 대성공)

- 현재 위치 유지에는 성공했으나, 직장 내에서 평판이 조금 떨어졌다.

  (위치 유지 대성공 × 인간관계 중간성공)

- 현재 위치 유지에는 성공했으나, 직장 내에서 평판이 많이 떨어졌다.

  (위치 유지 대성공 × 인간관계 실패)

- 현재 위치 유지와는 멀어졌지만, 인간관계는 변함없다.

  (위치 유지 실패 × 인간관계 대성공)

- 현재 위치 유지와 멀어졌고, 직장 내에서 평판도 조금 떨어졌다.

(위치 유지 실패 × 인간관계 중간성공)

• 현재 위치 유지와 멀어졌고, 직장 내에서 평판도 많이 떨어졌다.

(위치 유지 실패 × 인간관계 실패)

이처럼 2×3으로 6개의 시나리오가 나오게 된다. 물론 불확실 요인이 늘어나면 그만큼 시나리오의 가짓수도 늘어날 것이다. 선택지의 불확실 요인이 늘어나면 늘어날수록 생각해야 할 시나리오가 기하급수적으로 늘어나기 때문에 그다지 중요하지 않은 항목은 최종적인 의사 결정 전에 꼭 제외시켜야 한다.

또한 어떤 시나리오에선 새로운 의사 결정 항목과 선택지가 발생하는 경우도 있다. D가 '도전하지 않는다'는 선택지로 현재 위치 유지와 인간관계에서 실패로 끝나게 되면 이직을 검토해야 하는 가능성이 생기게 된다. 이 경우 그 시나리오에 또 하나의 선을 그려서 '이직을 검토한다'라는 새로운 의사 결정 항목 → 선택지 → 불확실 요인 → 시나리오의 새로운 가지가 생겨날 것이다.

POINT

이제는 하나씩 제거하는 단계이다. 중요하지 않은 불확실 요인은 제거한다. 불확실 요인이 많을수록 시나리오는 몇 배로 늘어난다. 따라서 불확실 요인의 중요도를 분별하는 분별력도 중요해진다.

중요한 불확실 요인을 꿰뚫어 보고
시나리오를 생각하라

앞에서 본 것처럼 최종적인 의사 결정에 남겨 둘 불확실 요인은 적으면 적을수록 검토가 쉬워진다. 그런데 상당한 리스크가 있는 '독립·창업'에 대해 그 성공 가능 여부의 불확실성은 조금도 생각하지 않고 검토해야 할 불확실 요인만 제외시켜 버리면, 수준 높은 의사 결정을 할 수가 없다. 불확실 요인이 많다고 해서 의사 결정이 반드시 불가능한 것은 아니므로 무리하게 그 수를 줄이기보다는 '확실히 없어도 되는 항목만 제외해 간다'는 태도로 꼼꼼히 살피고 생각해서 줄여 가면 되는 것이다.

불확실 요인을 간파하는 방법은 비교적 간단한 과제에서는 어려울 것이 없다. 우선 어떤 불확실 요인을 극단적인 방법으로 낙관적인 시나리오와 비관적인 시나리오로 나누어 생각해 보는 것이다. 그리고 이 두 가지 시나리오를 시뮬레이션해 보고 그 생각했던 시나리오대로 결과가 나왔을 때 느끼게 되는 기쁨을 비교해 보자.

그 기쁨의 크기가 크게 다르다면 그 불확실 요인은 매우 중요한 의사 결정 항목으로 최종적으로 남게 된다. 반대로 기쁨의 크기에 차이가 없다면 제외시키면 된다.(집단의 과제는 과제의 구조가 복잡하고 고려해야 하는 불확실 요인의 수가 매우 많기 때문에 기본적으로는 이런 방법을 택하면서 '감도 분석[what-if]'[15]이라는 보다 체계적인 접근법을 사용해야 한다.)

그리고 최종적으로 남길 불확실 요인의 간파가 끝나면 그 선택지를 채택했을 때의 불확실 요인으로 인해 일어날 수 있는 시나리오를 '대성공(Good)', '중간성공(So So)', '실패(No Good)'의 세 가지로 나눠서 시뮬레이션하자. D의 도전의 성패와 같이 두 가지밖에 생각할 수 없는 경우는 그것으로 괜찮다.

POINT

> 최종적으로 선택한 선택지의 불확실 요인을 대성공, 중간성공, 실패의 세 가지 경우로 나눠서 미리 시뮬레이션하는 것은, 나중에 실제로 실패했을 경우 낙담하지 않고 빠르게 대처하는 데 도움이 된다.

'렛츠 고, 인텔리전트!'

최종적으로 검토하게 될 시나리오가 모두 나왔으면 각각의 선택지를 채택하여 대성공과 중간성공, 실패라는 세 가지의

15) 경영학 용어. 생산 판매 등 기업 운영에 영향을 주는 여러 요소들 간에 적절한 관계를 세워 놓고 각 요인을 변화시킬 때 관계에 따라 전체 결과가 어떻게 나올 것인가를 따져 보는 것을 말한다.

시나리오가 실현될 확률을 생각해 본다. 그리고 각각의 불확실 요인 시나리오를 분석할 때 여러분이 의식했으면 하는 것이 '렛츠 고, 인텔리전트!'[16]라는 말이다.

조금은 우스울 수도 있는 이 말은 필자가 만든 말이다. 확률을 읽기 위한 정보를 지능을 발휘해서 철저하게 수집하고, 현명하고 똑똑(인텔리전트)하게 생각을 정리하여, 마지막에는 자신의 생각을 한 가지 각오로 기합을 넣듯이 힘차게 '렛츠 고!' 하는 것을 의미한다. 이를 정식 학술 용어로는 '주관적 확률'[17]이라고 한다.

미래에 대해서는 객관적 확률도 통계적 확률도 없다. 아무리 미래를 예측하는 기술이 발달한다고 하더라도 마지막에는 각각의 불확실 요인에 대해 지식과 식견을 가진 전문가의 지적인 통찰력과 판단의 주관적 확률을 이용할 수밖에 없다. 그들도 믿지 못한다면 아무 것도 믿을 것이 없는 셈이다. 그리고 그들 전문가들은 통찰의 가장 마지막 단계에서는 철저하고 다양하게 조사하고 생각한 특유의 이론으로 무장하고서는 "…… 바로 이렇게 되지 않겠어요?"라고 자신만의 결론을 내리게 될 것이다. 이런 전문가의 주관적 확률은 지식, 능력, 긍

16) 저자가 원래 사용한 말은 일본어로 '인텔리전트 에이야(インテリジェント えいやー)'이다. 이것은 우리말로 '인텔리전트 얍!' 정도로 번역되는 말이다. 고심 끝에 '렛츠 고, 인텔리전트!'라고 옮겼다.
17) 수학적인 확률이 아닌 결정짓는 사람이 정한 확률 추정치.

지가 담긴 극히 지적 수준이 높은 것이다. 그래서 필자는 '렛츠 고, 인텔리전트!'라고 이름 붙인 것이다.

숙단사고 즉, 디시전 매니지먼트에 의한 의사 결정은 앞 유리에 뿌옇게 서리가 긴 자동차를 깨끗한 백미러와 사이드미러만 가지고 운전하는 것과 같다고나 할까. 백미러와 사이드미러를 잘 보고 정보를 쌓아 가면 앞으로의 일을 어느 정도 예상할 수 있다. 아마 실제로 경험한 분들은 이해가 될 것이다. 시야가 좋지 않은 상태에서도 우리들은 신중하게 안전 운전을 할 수 있다. 그 방법은 바로 백미러와 사이드미러로 가능한 많은 정보(과거와 현재의 정보)를 쌓아서 '렛츠 고, 인텔리전트!'를 외치며 잘 보이지 않는 앞 유리(미래)를 내다보며 불확실성의 판단을 활용하여 의사 결정을 하는 것이다.

POINT

다양한 정보와 지식으로 만들어진 통찰력은 불확실한 미래를 어느 정도 예상할 수 있는 열쇠가 된다.

정보는 얼마나 모아야 할까?

앞 장에서 선택지에 대한 내용은 얼마든지 생각해 볼 수는 있지만 '이만큼 했으면 나중에는 자동 반사적으로 판단할 수 있다'고 생각할 수 있을 정도까지 하면 충분하다고 설명했다.

정보 수집 또한 선택지의 내용처럼 모으기 시작하면 한도 끝도 없다. 그렇다면 우리들은 각 시나리오의 변화를 예상하고 얼마나 많은 정보를 모아야 할까.

물론 정보의 양은 많으면 많을수록 좋은 것이 사실이지만 이것 또한 판단 기준이 존재한다. 1장에서 말했듯이 현재 의사 결정의 도마 위에 올라 온 복수 선택지의 가치가 크게 훼손되지 않을 시간 내에 정보 수집을 해야 한다. 그리고 그 이상 조사한다고 해도 불확실성에 대한 통찰력의 질이 높아지지 않는다고 판단되는 시점에서 일단락을 지어야 한다.

일본 기업의 경우 전통적으로 그리고 현재도 의사 결정의 속도가 늦은 편이다. 즉, 선택지의 가치가 크게 훼손될 위험성을 인식하지 않은 채 천천히 시간을 들이는 바람에 결단하려고 할 때에는 이미 도마 위에 올라온 선택지의 가치가 크게 훼손되어 버리는 경우가 많다.

그렇다고 '의사 결정의 속도'에 치중해서 일을 몰아붙이게 되면, 이번에는 제대로 된 검토가 불가능하며 충분히 정보를 모아서 '렛츠 고, 인텔리전트!'라는 최후의 통찰과 판단을 내리지 않아 허술한 의사 결정을 하게 된다.

그리고 비즈니스에서 집단의 의사 결정은 정보 수집이나 불확실 요인의 통찰에 선입견이 생길 수 있기 때문에 주의가 필요하다.

2장에서 나왔던 인도네시아 공장 건설을 검토하고 있는 부품 제조 회사를 예로 설명해 보자. 필자는 처음부터 '인도네시아에 공장을 건설할 것인가'라는 프레임 설정에 동의하기 어려웠다. 이러한 의사 결정에서는 목소리가 큰 사람이나 대표자의 발언(인도네시아에 공장을 건설해야 한다)으로 인해 선입견이 생기는 경우가 많다. 이런 상황에서는 불확실 요인의 통찰에 대해 편견 없는 정직한 베이스의 '렛츠 고, 인텔리전트!'를 제대로 적용할 수가 없다.

모든 선택지와 선택지의 불확실 요인에 대해 정보를 수집해야 하는데 '인도네시아에 공장을 만들면 그만큼 좋은 점이 있을 것이다. 대표님의 의향도 그러하고……'라는 대표의 보이지 않는 압박에 신경이 쓰이는 것은 너무나 당연한 일이다. 그렇게 되니 한쪽으로만 치우친 정보를 수집하게 되고 어쩔 수 없이 결론을 미리 정해 놓고 그 결론을 보강할 만한 정보만 모으는 상황이 되고 마는 것이다. 이래서야 적확한 의사 결정을 할 수 있겠는가?

심할 경우에는 불확실성의 통찰과 판단도 불가능하거니와 지성을 발휘하기는커녕 사전에 결론을 정해 놓고 거꾸로 따져 올라가며 그럴싸한 수치를 만들게 되는 말도 안 되는 경우도

있다. 권력과 위계질서보다 더 중요한 것이 이것이라는 점을
명심하고 엄격하게 생각하고 따져 보아야 한다.

POINT

정보의 양도 중요하지만 선입견 없는 순수한 마음으로 정보를 모으
는 것이 더 중요하다.

CASE STUDY 실전 상담 4화

상황 개요

이제, 프레임 설정을 하면서 리스트업한 불확실 요인으로 나미노가 생각한 세 가지 선택지의 대성공, 중간성공, 실패에 대한 각각의 시나리오를 전개하는 마지막 숙제를 해결할 차례이다.

다음은 숙제를 받아 든 나미노의 보충 설명이다.

① 지금의 부서에서 계속 일하는 경우에 생각되는 불확실 요인으로는 '스즈키 부장이나 내가 승진을 하게 되면 서로 다른 부서에서 일할 수 있다'는 것이지만, 실제로 그렇게 된다고 해도 한참 뒤의 이야기이며 만일 그런 날이 올 때쯤이면 자연스레 부장과의 관계도 개선되어 있을지 모른다고 생각하여 관계 수준만으로 성공 정도를 판단하기로 했다.

② 처음엔 세 가지 시나리오를 생각해 볼 계획이었으나, 스즈키 부장과 의견이 일치하지 않을 때가 자주 있어도 부장도 나를 인정해 주고 나 또한 부장에게만 있는 능력을 존중하기 때문에 이 이상 관계가 악화되는 일은 없을 거라고 판단하여 두 가지 시나리오만 생각

세 가지 선택지의 대성공, 중간성공, 실패의 시나리오

● **지금의 부서에서 계속 일하는 경우**

불확실 요인: 스즈키 부장과의 관계

· 대성공 → 스즈키 부장과의 관계가 개선된다.

· 중간성공 → 스즈키 부장과의 관계가 변함없다.

● **사내 벤처 제도에 응모하는 경우**

불확실 요인: 응모한 것이 채택될 것인가? 채택된 경우의 성공 정도

· 응모의 대성공 → 채택된다.

· 응모의 실패 → 채택되지 못한다.

· 채택된 경우의 대성공 → 연간 매출 30억 엔 · 급여 2배

· 채택된 경우의 중간성공 → 연간 매출 8억 엔 · 급여 1.2배

· 채택된 경우의 실패 → 급여 변동 없음

● **독립 · 회사를 만드는 경우**

불확실 요인: 성공 정도

· 대성공 → 임원 보수가 회사원 시절 급여의 5배

· 중간성공 → 임원 보수가 회사원 시절 급여의 1.2배

하기로 했다.

③ 이시무로 씨의 조언으로 불확실 요인에 추가하게 된 사내 벤처 제도 응모와 독립해서 창업을 한다는 항목에 대해서는 '가족과의 시간을 확보할 수 있을 것인가?'의 질문에 가끔씩 가족에게 숙단사고의 이야기를 했을 때, "지금보다 더 바빠진다고 해도 하고 싶은 일이라면 응원하겠다"고 했기 때문에 검토에서 제외시켜 보았다.

④ 사내 벤처 제도에 응모하여 채택되지 못했을 경우의 시나리오는 아직 떠오르지 않기 때문에 손을 대지 못했다. 채택된 경우의 시나리오는, 사업의 성공 정도를 연간 매출로 생각해 보았으나 채택되지 못했을 경우의 시나리오가 떠오르지 않아서 '그 상황이 되면 내 급여가 얼마나 달라질까?'와 같은 기준으로 생각해 보았다. 그러나 사실 이 전망은 너무도 불확실하여 올바른 것인지 자신이 없다.

⑤ 독립해서 창업을 하는 경우의 성공 정도는 당시 매출로 생각했지만, 자금 조달의 상황을 보고 사업 규모를 결정할 예정이므로 매출이 아닌 임원들의 보수로 생각해 보았다. 실패한 경우는 예상하기도 어렵고 머리에 잘 떠오르지 않아서 손을 대지 못했다.

이시무로의 조언

손을 대지 못한 부분에 대해서는 후에 토론하며 생각해 본다.

①의 '스즈키 부장과의 관계 수준만으로 성공 정도를 판단한다'와

②의 '스즈키 부장과의 관계 시나리오는 두 가지로 한다'는 두 가지는 특별한 문제가 없다.

③의 '가족과의 시간을 확보할 수 있을까를 불확실 요인에서 제외한다'는 것도 가족의 이해를 얻었기 때문에 최종적인 검토 시나리오의 수가 줄기는 하지만, 많이 바빠지더라도 우선은 큰 성공을 향해 달려가기 위한 행동이므로 이 정도면 괜찮다고 생각해도 되지 않을까?

④의 '성공 정도를 매출과 급여로 생각했다'는 것은, 엄밀히 말해서 '사업의 성공'과 '대우·급여'라는 각각의 불확실 요인을 한 세트로 만든 것이 된다. 이 두 가지는 연관된 내용이므로 그냥 넘어가기로 하자.

⑤의 '독립해서 창업을 하는 경우, 성공 정도를 임원 보수에 맞춰서 생각한다'는 것도 특별한 문제가 없다.

손을 대지 못한 부분에 대한 이시무로의 조언과 확인 사항

사내 벤처 제도에 응모해서 채택되지 못한 경우 새로운 선

택지가 발생하게 된다. 우선 지금의 부서에서 계속 일하게 될 것이라든지, 채택은 되지 않았지만 편집숍 실현이라는 생각을 떨쳐 버리지 못해서 결국 새롭게 사업에 도전한다는 가능성도 있을 것이다.

그러나 새로운 도전으로 사업을 하겠다는 선택지의 불확실 요인 항목 자체는 처음부터 독립하여 회사를 만들겠다는 결심을 선택한 경우와 같은 것이므로 처음부터 사업을 하기로 했을 때 실패할 경우의 검토로 이동하면 된다.

독립해서 창업을 한 것이 실패로 끝나면 자동적으로 '재취업 활동'이라는 액션을 취할 것이라고 생각된다. 그러므로 선택지의 가지가 더 늘어나는 것은 아니지만 재취업 활동의 대성공, 중간성공, 실패의 시나리오를 검토해야 한다.

그때의 불확실 요인에 대해서는, 나미노는 아직 한창 일할 나이이며 좋은 회사에서 쌓은 커리어가 있다. 재취업이 어려운 것은 아니므로 '재취업 시의 대우·급여'라는 불확실 요인으로 성공 정도의 시나리오를 생각한다.

결론

나미노는 이시무로의 조언을 참고하여 사내 벤처 제도에 응모하여 기획이 채택되지 않았을 경우는 '지금의 부서에서 계속 일한다', '독립하여 창업을 한다'의 두 가지 선택지를 검토하기로 했다.

또한 처음부터 독립하여 창업에 실패했을 경우의 재취업 활동의 시나리오는 재취업 시의 급여로 생각하기로 했으며 다음과 같이 정리했다.

처음부터 독립 · 창업의 시나리오

● 독립 · 창업이 실패로 끝났을 경우

불확실 요인: 재취업 시의 대우·급여

· 대성공 → 다카스기 상사 시절의 1.2배

(다카스기 상사의 경력, 여기다 사업을 한 의욕과 경험을 높게 평가해 주는 회사가 나타날 경우를 상정)

· 중간성공 → 다카스기 상사 시절의 0.8배

· 실패 → 다카스기 상사 시절의 0.5배

(183쪽 5화에서 계속)

4장

가치판단 척도
세우기

Establish the Measure of Value Judgment

의사 결정을 두려워하는 사람들 대부분은 어떤 기준으로 결정을 내려야 할지 모르고 있다.
판단하는 기준을 세운 다음 무엇을 지키고 무엇을 포기할지 확실하게 안다면
이리저리 흔들리지 않고 선택할 수 있다.

어떤 잣대로 선택할까?

드디어 숙단사고 기본 3항목의 마지막 검토이다. '가치판단
척도'에 대해서 자세히 알아보도록 하자.

우선은 지금까지와 같이 프레임 설정으로 리스트업한 가치
판단 척도를 최종적인 의사 결정의 도마 위에 올려도 되는지
를 자세히 조사한다. 여기서 항목이 새롭게 추가될 가능성도
있다.

가치판단 척도는 선택지나 시나리오와는 다르게 최종적인
의사 결정까지 살아남은 선택지에서 무엇을 선택할 것인지 숙
단사고하면서 가장 마지막 작업을 판단하는 기준이 되는 것이
므로 선택지나 불확실 요인처럼 검증할 요소의 가지가 늘어나

는 것은 아니다.

그러나 가치판단 척도도 가능한 자세히 조사하여 정말 중요한 항목만 최종적인 검토에 담아 둘 필요가 있다. 그것은 기본적으로 가치판단 척도는 복수로 존재하며, 더욱이 각각의 항목 사이의 트레이드오프 판단을 해야 하기 때문이다.

특히 집단으로 의사 결정을 하는 비즈니스의 경우는 각 이해 관계자 사이에서 한쪽이 추구하는 가치에 비중을 두면 다른 한쪽의 가치가 배제되는 상황이 일어나기 쉽다. 여기서 어떻게 타협을 해야 하는지의 트레이드오프 판단이 의사 결정의 큰 도전이 된다.

반대로 이야기하면, 가치판단 척도가 한 가지밖에 없거나 복수의 가치판단 척도가 있어도 그것들 모두를 만족하는 한 가지의 선택지를 찾아내서 트레이드오프 판단이 필요 없는 운 좋은 경우라면 그 선택지를 망설임 없이 선택하면 된다.

트레이드오프는 어느 것을 얻으려면 반드시 다른 것을 희생하여야 하는 경제 관계를 말하는 것이다. 완전 고용과 물가 안정은 서로 모순된 관계에 있는데, 실업을 줄이면 물가가 올라가고 물가를 안정시키면 실업률이 높아지는 것 따위를 말한다.

가치판단 척도를 구체적으로 정의하라

최종적으로 가치판단 척도의 리스트가 확정되면 각각의 가치판단 척도를 구체적으로 정의한다. 예를 들어 '사업의 성공'이라는 가치판단 척도는 '매출액'이나 '이익금', '고객 만족도 설문조사 결과'와 같은 방식으로 보다 측정하기 쉬운 것으로 정의하는 것이다. 그리고 이때 가능한 양을 표시하는 것도 기억해야 한다. 구체적으로는 '매출액'이 아닌 '5년 후의 매출액', '이익금'이 아닌 '5년간의 총 잔액'이 된다(물론 양을 나타낼 수 없는 것도 있으므로 가능한 선에서 한다).

그리고 개인의 의사 결정에서는 복수의 가치판단 척도 사이의 트레이드오프에 입각한 결단은 자신 한 사람의 머리와 마음에서 해결 가능하지만, 집단 의사 결정의 경우에는 모든 의사 결정자가 올바로 이해할 수 있도록 해야 하기 때문에 각각의 가치판단 척도의 정의를 명확하게 밝혀야 한다.

또한 이것은 최종적인 의사 결정의 프로세스에 속하는 것이지만, 집단에서 트레이드오프 판단을 해야 하는 경우는 이해 당사자들 전체를 포함하여 의견 일치를 만들어 가기 위한 도구와 그런 체계 설정 등에 대한 연구가 필요하다.

'제약 조건'과 '트레이드오프 조건'

계속해서 모든 가치판단 척도를 '제약 조건'과 '트레이드오프 조건'으로 나누는 작업을 한다. 제약 조건은 법적·윤리적 규정이나 개인 및 조직의 철학·신념·가치관에서 비롯된다. 따라서 가치판단 척도 중 제약 조건에 저촉되는 선택지가 있을 경우 그 선택지는 채택할 수가 없다. 남아 있는 그렇지 않은 가치판단 척도는 모두 트레이드오프 조건이 된다.

덧붙여 여기서 제약 조건이 되는 가치판단 척도가 있는 경우는 다시 한 번 선택지를 제약 조건과 대조하며 확인한다. 그 결과 제약 조건에 걸리는 선택지가 있을 경우는 의사 결정의 도마 위에서 제외시켜야 한다. 기업의 규정 준수 시스템(compliance check) 등은 제약 조건과 선택지의 확인 작업이라고 할 수 있다.

여기에서 2장에서 설명했던 '의사 결정 항목과 선택지를 생각할 때의 전제조건'을 떠올린 분들도 계실 것이다. 실제로 각자의 의사 결정에 있어서 전제조건이 확실히 설정되어 있다면 그 시점에서 이미 제약 조건에 저촉되는 선택지는 제외되었을 것이므로 그 가치판단 척도를 자세히 조사하는 단계에서 선택지가 줄어드는 일은 그렇게 많지 않다.

그러나 그 작업이 단순히 최종 체크라고 할 수는 없다. 특히 집단의 의사 결정에 있어서는 어떤 부서에 있어서 행복과 만족의 기준이 되는 가치판단 척도가 다른 부서에게 있어서는 그렇지 않을 경우도 얼마든지 일어날 수 있기 때문에 복수의 의견을 조정한 후에 꼭 필요한 작업이다. 또한 개인의 경우도 검토한 날에 따라 생각이 조금씩 바뀔 가능성도 있다.

제약 조건이 어떠한 것인지 예를 들어 설명해 보자.

T는 드릴 등의 절삭 공구나 그라인딩 머신이라고 부르는 연삭 기계 등을 제조·판매하는 대기업에서 생산총괄부의 본부장을 맡고 있다. 최근 T에게 현안이 되고 있는 것이 A공장에 대한 것이다. 이 공장은 최신 연삭 프로그램의 주력 제품이 아닌 기존의 기계 생산을 메인으로 하고 있으며 수년 전부터 가동률이 떨어지고 적자가 계속되고 있다.

T는 ① '어느 정도의 적자는 허용하면서 A공장을 계속 가동한다'와 ② '필요량을 경쟁 공장에 OEM을 주어 조달하며 A공장을 폐쇄·매각한다'는 두 가지의 선택의 수를 고민하고 있다. 물론 이것은 주변에 가동률의 저하로 똑같은 고민을 하고 있는 동종 업계의 공장이 있기 때문에 생각해 낸 것이기도 하다.

사실 수익적으로는 ②의 '공장의 폐쇄·매각' 쪽이 훨씬 우세하지만, 그렇게 하기 위해서는 30명 가까운 인원을 감축해야 하며 그중에는 입사 이래 관리직에서 열심히 일하고 있는 T의 동기도 몇 명 포함되어 있다. 또한 경쟁 공장은 자사와 비교하면 환경 면이나 안전 면에서 조금 불안하기도 하다.

게다가 숙단사고에 의한 의사 결정으로 접근한다면 공장을 계속 가동하면서 그 체제에서 적자를 탈출할 수 있는 해결책을 생각해야 한다. 그 경우 어떻게 할지를 검토해야 한다. 나아가 경쟁과 조인트 벤처(joint venture)를 합친 아이디어와 A공장을 현대화시키는 설비투자로 제품 마케팅을 강화하자는 적극적인 아이디어도 있었지만 생산총괄부의 전체 전략에서 볼 때 최종적인 검토까지 가 보지는 못했다.

여기에서 검토해야 할 가치판단 척도는 '가: 앞으로의 수익성', '나: 종업원 채용', '다: 환경과 안전 면의 불안', 이 세 가지이다. 그리고 그 가치판단 척도의 내용을 엄밀히 정의한 후에 T나 경영자 중에 '라: 연간 20억 엔 이상의 적자는 절대 있을 수 없다', '마: 무슨 일이 있어도 종업원은 해고하지 않는다', '바: 사회적 정의를 거스르거나 법의 기준을 만족시키지 못하는 선택지는 받아들일 수 없다'와 같은 제약 조건으로서의 가치판단 척도가 나왔다고 하자.

이 경우, 만약 ①의 '공장 가동 속행'이라는 선택지에서 '가: 앞으로의 수익성'에 대해 검토한 결과 연간 30억 엔의 적자를 내는 것이 확정적이라면 '라: 연간 20억 엔 이상의 적자는 절대 있을 수 없다'의 제약 조건에 걸리게 된다. 이 때문에 ① '가동 속행'을 선택할 수 없게 된다. 똑같이 ②의 '공장의 폐쇄·매각'

의 선택을 검토할 때는 '나: 종업원 채용'에 있어 '바: 사회적 정의에 반하지 않는다'를 기준으로 삼는다면, ②의 '공장의 폐쇄·매각'은 선택에서 제외되는 것이 맞다.

또한 실제 비즈니스의 경우에서 이런 식의 검토를 행할 때에는 복수의 제약 조건에 걸리게 되어 어떠한 선택도 할 수 없는 경우도 있을 수 있다. 만일 그렇게 된다면, 다시 다른 선택지를 생각할지, '마: 종업원을 해고하지 않는다'의 제약 조건을 조금 완화시켜서 '강제 해고나 지명 해고는 하지 않지만 20~30인 정도의 조기 퇴직 프로그램을 실행하여 업계 표준을 웃도는 특별 할증 퇴직금을 준비하는 것은 허용한다'는 식으로 결정하든지 어느 쪽이든 기민한 대처가 필요할 것이다.

가치판단 척도를 정량화하라

이 경우를 사용하여, 앞에서 말한 집단 의사 결정의 '복수의 가치판단 척도의 정의는 매우 명확한 것'으로 트레이드오프 판단을 하는 것이 어떠한 작업인지 설명하도록 하겠다.

이번에는 앞에서 설정한 '가: 앞으로의 수익성', '나: 종업원 채용', '다: 환경과 안전 면의 불안'과 같은 가치판단 척도는 그대로 두고, '라'와 '마'의 제약 조건은 생략하도록 하겠다. 즉, '바:

사회적 정의를 거스르거나 법의 기준을 만족시키지 못하는 선택지는 받아들일 수 없다'라는 한 가지 제약 조건밖에 없다.

우선 '바: 사회적 정의에 반하지 않는다'에 대해서는, 경합하는 공장의 환경·안전 면을 조사하지 않으면 안 되는 항목이다. 실제로 조사를 실행해서 제약 조건에 저촉되지는 않는지, 또한 제약 조건에 저촉된다면 대책을 마련하기 위해서는 얼마나 많은 비용이 발생하는지를 확인해야 한다. 조사한 결과가 사회적으로는 문제가 없었지만 자사의 엄격한 기준을 만족시키지 못했기 때문에 ②의 선택을 실시하기 위해서는 자사가 비용을 부담해서 경쟁 공장이 대책을 마련할 수 있도록 해야하며, 그렇게 하기 위해서는 추가 투자로 3억 엔이 필요한 것이 판명되었다.

'가: 앞으로의 수익성'은, ① '공장의 가동 결행'을 채택한 경우에 현재 가치로 연간 20억 엔의 마이너스가 예상된다. '나: 종업원 채용'은 ② '공장 폐쇄·매각'의 경우 매각 기업으로 파견하거나 사내에서의 배치전환을 아무리 현명하게 검토한다고해도 약 20명 정도는 해고해야만 한다. 그러나 금전적으로는, 규정되어 있는 특별 할증 퇴직금(업계 기준을 크게 넘음)을 지급하여도 공장을 매각한다면 5억 엔의 이익이 예상된다. OEM 공급을 위한 투자액 3억 엔을 빼도 2억 엔의 이익이 있다.

이렇게 정량화하는 것으로 마침내 선택지는 ①과 ②, '가'와

'나'라는 두 가지의 가치판단 척도의 트레이드오프 판단에 착수할 수 있게 된다. 이번 예의 경우, 오랫동안 함께 한솥밥을 먹은 가족과도 같은 사원들을 해고하는 것은 괴로운 일이다. 그러나 냉정하게 말해 ① '공장의 가동 속행'과 ② '공장 폐쇄·매각'을 저울에 재보는 일은 22억 엔(=마이너스 20억 엔과 플러스 2억 엔의 차액)과 20명의 해고에 대한 트레이드오프의 판단이라고 말할 수 있다.

즉, 1명을 해고하는 것이 1억 1천만 엔에 상응한다는 것이 수치상으로 나타나 있다. 필자가 T라면, (물론 회사 고위층의 승인을 얻은 후의 이야기이지만) 1명 당 특별 할증 퇴직금으로 6천만 엔을 지급하더라도 ② '공장 폐쇄·매각'을 선택할지도 모른다. 그렇게 된다면 회사도 해고되는 종업원도 서로 윈-윈(win-win)할 수 있게 된다.

'기쁨의 총합(Net Pleasure Value)'으로 판단하라

물론 ②를 선택하는 것이 정답이라고 말하려는 것은 아니다. 이것은 어디까지나 필자의 개인적인 판단일 뿐이다. 그리고 그 판단을 좌우하는 것이 'Net Pleasure Value: NPV'이다. 이 말은 '앞으로 받게 될 기쁨과 보람의 총합'이라는 신조어이다.

이 NPV를 이용한 검증 프로세스에 대해 설명하기 전에 우선 이 신조어에 대해서 설명하려 한다. 한 마디로 Net Pleasure Value와 Net Present Value는 완전히 다른 단어이다.

비즈니스 용어를 잘 아는 사람이라면, NPV라는 단어를 보고 '순현재가치'를 뜻하는 'Net Present Value'를 떠올렸을 것이다. 필자가 이야기하는 것은 순현재가치가 아니다. 이제부터 혼란을 피하기 위해 Net Pleasure Value를 'NPlV', Net Present Value를 'NPrV'라고 표기하도록 해 보자.

원래 기업의 목표는 수치로 굳이 보이지 않는 '기쁨의 총합'이나 '목표치 달성 총액'과 같은 것까지도 포함한 '앞으로 받게 될 기쁨과 보람의 총합'에 집중해야 한다. 이렇게 정의되는 것이야말로 그 기업의 의사 결정으로 사용되어야 하는 진정한 가치판단 척도이며, 필자는 그것을 위해 NPlV라는 조어로 사용하고 있는 것이다.

많은 기업은 창업자가 달성하고 싶어 하는 일이나 세상을 보다 좋은 방향으로 바꾸고 싶다는 생각에서 생겨난다. 그리고 실제로도 세상과 고객으로부터 받은 '정당한 보답'으로서 필연적으로 충분한 이익을 올리고 있다. 이익을 올리는 것만 사명으로 하는 기업은 있다고 해도 기업을 오래 유지하지 못할 것이다.

그러므로 순현재가치 NPrV는 그 기업의 진정한 가치판단

척도인 앞으로의 기쁨 총합 NPIV를 상당히 반영하고 있다고
는 해도 그것은 기쁨 총합 NPIV의 부분적 지표이지 전부가 아
니다.

기쁨의 순위와 상대적 점수를 매겨라

이제 실제 검토 프로세스로 돌아가 보자.

의사 결정을 실행할 때는 어떤 경우라도 트레이드오프 판단
이 필요하지만, 모든 가치판단 척도를 포함하여 '모두 합쳤을
때의 기쁨'이라는 관점에서 생각해야 한다는 것이다. 그렇기
위한 판단 기준이 기쁨 총합 NPIV이다. 그렇지만 이 NPIV를
정하는 것 자체가 매우 어려운 작업이다.

대부분의 경우 '돈만 벌 수 있다면 그것으로 충분하다'라고
생각하고 결정할 수 있는 것이 아니라, 자신의 철학적 의미에
서의 가치관과 확실하게 비교해서 생각할 필요가 있다. 그리
고 여기에서 중요한 것은 NPIV는 이름 그대로 기쁨(Pleasure)
을 표현하는 것이기 때문에 모든 가치판단 척도에 입각해서
가장 기쁜 것이 무엇인지만을 끝까지 생각하는 것이다.

동시에 머리에 떠오르는 "혹시 이렇게 되면 어떡하지?" 하는
걱정은 일단 잊어버리자. 그 점에 대해서는 불확실 요인을 검

토했기 때문에 자신의 열정이 어디에 머무는지 그것만 생각하고 강하게 결정하자.

위험을 내포한 불확실성을 판단하고 실행하며, 기쁨만 생각하는 NPIV의 판단은 열정을 갖고 행하는 것이 중요하다. 여러 가지 변수에도 불구하고 얻는 것이 그만큼 크기 때문이다.

NPIV는 정량화하기 어렵지만 상대적인 점수를 매겨서 가시화하면 된다. 우선 갑자기 점수를 매기는 것이 아니라 최종적인 검토에 남아 있는 모든 선택지의 시나리오를 나열하여 각각의 시나리오에 기쁨 순위를 정하는 것이다. 그런 다음 가장 기쁨을 얻을 수 있는 시나리오를 100점, 가장 기쁘지 않은 시나리오를 0점으로 하여 상대적인 NPIV의 점수가 얼마나 되는지를 생각하도록 하자. 앞에서 나온 T를 예로 들어 설명하면, 22억 엔과 20명의 해고를 트레이드오프로 생각하는 데까지 필요한 자료를 수집한 후가 NPIV와 비교해서 생각하는 단계가 된다.

필자는 특별 할증 퇴직금을 늘려서 ② '필요량을 OEM 공급으로 조달하며 A공장을 폐쇄·매각한다'라는 선택지를 잡는 것이 좋다고 생각하지만, 예를 들어 '금전적인 문제는 어떻게 되어도 좋으니 우선 계속 함께 일해 온 동료와 팀이 유지되는 것이야말로 무엇보다 기쁘다'는 분들은 ① '어느 정도의 적자는 허용하면서 A공장을 계속 가동한다'는 방법을 선택하면 된다. (물론, 회사의 다른 부문에서 적자 이상의 흑자를 내고 있어서 기업을 유지하는 데 전혀 지장이 없다는 전제조건을 만족시켜야 한다.) 반대로 금전적인 면을 중시하여 '이미 업계 표준을 넘는 특별 할증 퇴직금을 지불하고 있기 때문에 이 이상은 안 된다'는 판단도 있을 수 있다.

당신은 다중 인격자!

이 NPIV의 순위와 상대적인 점수를 생각하는 작업을 할 때 주의해야 할 것이 있다. 그것은 그때그때 자신이 놓여 있는 정신적·육체적 컨디션과 물리적인 장소, 즉 지극히 개인적인 감정과 같은 변수에 의해 점수가 좌우되기도 하므로 하루에 다 하지 말고 며칠간 시간을 들여 생각하여 최종적으로 통합한다는 생각으로 점수를 매겨야 한다.

예를 들어 '현상 유지'와 '이직', '독립해서 창업'이라는 선택지에 남아 있는 의사 결정의 NPIV를 생각하고, 스티브 잡스의 영화를 본 직후에 점수를 붙이면 창업에 대한 점수가 평상시보다 높아질 가능성이 100% 있다. 반대로 다른 날 아버지의 사업이 실패하여 가족이 뿔뿔이 흩어져 버린 아이의 다큐멘터리를 보거나 그런 비슷한 이야기를 들은 후에 NPIV를 생각한다면, 자연히 전날보다 창업에 대한 점수가 낮아질 것이 분명하다.

요약하면, 자신 안에도 여러 가지 인격과 상태가 있다는 것이다. 하루 만에 적확한 결정을 내리는 것은 어렵고 그만큼 감정이나 기분, 환경에 좌우되기 쉬운 일이라는 것이다. 그러므로 여러 가지 환경이나 기분 감정에 따라 의사 결정이 좌우되는 것을 막기 위해서는 우선 자신도 언제나 그런 복잡한 감정과 기분 혹은 여러 가지 인격이 있을 수 있다는 것을 인식하고 컨디션이 바뀌는 여러 가지 환경에서 NPIV의 점수를 매기는 것이 중요하다. 내부적 외부적 요인에 끌려 다니지 말고 다양한 측면을 살펴 결정하는 것이 무엇보다 필요하다.

복수로 선택해야 할 것이 많다면 모든 시나리오의 NPIV를 납득할 수 있는 수준에서 선택할 수 있어야 하고 이것이 된다면 이제는 최종적인 의사 결정에 들어가는 일만 남았다.

CASE STUDY 실전 상담 5화

상황 개요

앞서 나미노는 프레임 설정을 할 때에 리스트업한 가치판단 척도로 '업무의 보람', '대우·급여', '가족과의 친밀한 관계', '업무상의 인간관계에 의한 스트레스'의 네 가지를 꼽은 바 있다.

이번 검토에서는 나미노와 이시무로 두 사람이 함께 토론하며 다음의 세 가지를 살펴 본다.

① 가치판단 척도의 세밀한 조사

② 가치판단 척도의 정의 내리기

③ 가치판단 척도의 제약 조건과 트레이드오프 조건의 분류

'가치판단 척도의 세밀한 조사'에 대한 이시무로의 조언

자신도 프레임 설정을 할 때에는 눈치 채지 못하고 후에야 생각한 것이지만, 사업이든 사내 벤처든 편집숍을 할 때 사업적인 성공은 '일의 보람'과는 분리해야 하지 않을까? 같은 '업무' 내용이라도 사업에서 성공하는 것 자체가 기쁘다는 정도의 요소는 당연히 있기 때문이다.

'업무상의 인간관계에 의한 스트레스'는 스즈키 부장의 인간성이 나쁘다는 이야기가 아니라 나미노가 하고 싶은 일을

받아들여 주지 않았던 것이 발단이 된 것으로 '일의 보람'을 만족시킨다면 그다지 느끼지 않고 지나갈 수 있으므로 제외시켜도 되지 않을까?

'가족과의 친밀한 관계'는 나미노에게 매우 중요한 가치판단 척도인 것은 사실이지만, 독립하여 창업을 하는 것도 가족은 응원해 줄 테니 이 요소는 어떤 선택을 한다고 해도 양호한 결과가 나올 것이며, 선택지 간의 기쁨에 차이를 야기하지 않는 요소가 될 것이다. 그러나 만약 이 선택으로 삶이 피곤해지고 생활이 어려워진다면 생각지도 못했던 이혼 문제가 발생하거나 자녀의 학업이나 인생을 지원할 수 없게 될 수도 있어 이야기가 달라진다.

'가치판단 척도의 세밀한 조사'에 대한 나미노의 생각

나미노는 이시무로의 조언에 동의했다. '가족과의 친밀한 관계'는 매우 중요하다. 그리고 사업에 실패한 경우도 걱정이 된다. 그러나 원래 사업을 할 때 사업 규모는 자금 조달의 결과에 따라 정할 생각이었으며 가게를 닫을 경우는 천천히 재취업 활동을 할 수 있을 만큼의 여유가 있는 상태에서 빨리 결단할 것을 전제조건으로 하여, 가치판단 척도에서는 제외시키기로 했다.

결과적으로 나미노의 의사 결정의 최종적인 가치판단 척도는 '업무의 보람', '사업의 성공', '대우·급여'가 되었다.

'가치판단 척도의 정의 내리기'에 대한 이시무로의 조언

'업무의 보람'이나 '대우·급여'는 이대로 좋으나, '사업의 성공'이 금전적인 것인지 아니면 사회적 인정 욕구와 연결된 것인지와 같이 명확하게 해야 한다. 불확실 요인의 검토에서는 편집숍에 대한 시나리오의 대성공, 중간성공, 실패의 분류를 매출이나 급여로 생각했지만, 이 정의로는 다시 생각해 볼 것이 있다.

'가치판단 척도의 정의 붙이기'에 대한 나미노의 생각

나미노에게 편집숍의 성공은 '자신이 좋다고 생각하는 그러나 아직 일본에 잘 알려지지 않은 브랜드의 상품으로 고객을 기쁘게 하는 것', '다카스기 상사의 자사 상품 인지도가 향상되는 것'이었다. 그러나 고가의 의류는 눈이 높은 고객을 납득시켜 팔아야 매출이 올라가고, 인지도가 올라가는 것과 매출이 올라가는 것을 같은 것으로 생각할 수 있으므로, 앞에서 검토한 불확실 요인의 시나리오는 굳이 바꾸지 않기로 했다.

이시무로의 조언

남아 있는 세 가지 가치판단 척도는, 제약 조건이 아닌 그 기쁨의 정도가 보다 높은 것으로 정했다. 그러나 모든 것을 한 번에 만족시킨다고는 할 수 없으므로 트레이드오프 조건이 된다. 굳이 말하자면, 사업이 실패로 끝나는 경우 길거리를 헤매게 되면 그것이 제약 조건이 될지도 모르지만, 지금은 그것을 고려한 후에 선택지를 생각했기 때문에 또다시 제약 조건을 생각할 필요는 없다고 생각된다.

결론

나미노는 이시무로의 의견에 동의하여 이번 회의 검토로 마지막까지 남은 가치판단 척도는 모두 트레이드오프 조건으로 분류했다.

이시무로는 ①~③을 고려하고 거치면서 앞으로 얻게 될 NPIV를 강조하는 한편 최종 의사 결정을 위해서 나미노에게 두 가지 숙제를 냈다.

한가지는, 앞에서 나온 시나리오에 대해 '렛츠 고, 인텔리전트!'로 적극 추진하면서 확률 분석을 할 것.

또 한 가지는, 앞 시나리오를 늘어놓고 나미노에게 있어서 세 가지 가치판단 척도인 '업무의 보람', '사업의 성공', '대우 ·

급여'로 비추어 본 총 기쁨의 순위와 상대적인 NPIV의 점수 매기기를 실행해 볼 것. 단, 사내 벤처 제도에 응모한다는 선택지에 대해서는 응모가 확실히 채택된다고 가정했을 때의 시나리오에 대해서만 NPIV 점수를 매길 것.

이시무로는 여기서 디시전 트리의 사고법을 간단하게 설명하고 가능하다면 세 가지 숙제의 결과를 디시전 트리로 정리해 오도록 했다.

(211쪽 최종화에서 계속)

6 장

품질 높은
의사 결정으로
이끄는 숙단사고

드디어 최종 의사 결정이다. 지금까지 살펴보았던 내용을
하나의 그림으로 그려서 최후의 결단, 최고의 결정을 내려 보자.
그 선택에 반성은 있어도, 후회는 없다.

디시전 트리의 완성

지금까지의 내용을 토대로 적절한 프레임을 설정하고 '의사
결정과 선택지', '불확실 요인', '가치판단 척도'의 디시전 매니
지먼트 기본 3항목을 갖추었다면 그 다음은 정확한 논리를 이
용하여 최종 결론에 도달하면 된다.

이 최종적인 의사 결정에는 '디시전 트리'라는 도구를 사용
한다.

디시전 트리는 의사 결정의 항목에서 선택지의 가지가 나뉘
며, 가지에 끝에 불확실성 항목이 붙어서 복수의 시나리오로
나누어지는 방법으로 그린다.

그 모양이 나무와 같아서 '의사 결정의 나무' 즉 디시전 트

리라는 이름이 붙은 것이다.

디시전 트리는 제일 먼저 작은 사각형을 그린다. 이 사각형이 의사 결정 항목을 나타내며, 여기서 갈라져 나온 가지가 선택지가 된다. 그리고 각각의 선택지에 불확실 요인이 있는 경우에는 선택지의 끝에 작은 원을 그려 표시한다. 거기에서 다시 갈라져 나오는 것이 시나리오에 해당한다. 우선 최종적인 검토에 이용할 모든 선택지와 시나리오를 가지고 디시전 트리를 만들어 보는 것이다. 그런 다음 이 나무의 전체를 다시 확인해 보자. 프레임 설정을 하면서 파트별로 검토를 했지만, 자신의 의사 결정이라는 작업의 전체 구성을 재확인하는 것이다.

지금부터는 현재의 직장에 불만을 가진 H가 앞으로의 커리어에 대해 의사 결정을 하기 위한 디시전 트리를 작성해 보겠다. 194쪽 그림을 참고하면서 읽어보기 바란다.

사각형에서 갈라져 나온 선택지로는 '지금의 회사에서 계속 일한다', '이직한다'의 두 가지 경우가 있다. 디시전 트리를 작성하는 요령을 설명하는 것이므로 구체적인 요소에 대한 설명은 일부 생략하기로 한다.

'이직한다'라는 선택지에서

① 대성공: 정말 원하는 회사로 이직했다.
② 중간성공: 지금의 회사보다는 좋은 환경으로 이직했다.

③ 실패: 이직한 회사가 지금의 회사보다 나쁜 환경이다.

라는 세 가지의 시나리오가 있다고 하자.

이 각각의 시나리오에 ① '정말로 바라던 회사'는 20%, ② '지금의 회사보다는 좋은 환경으로 이직했다'는 50%', ③ '이직한 회사가 지금의 회사보다 나쁜 환경이다'는 30%라는 형식으로, 합계가 100%가 되도록 자신의 주관적인 확률을 적어 간다.

이 확률은 나중에 계산에 이용할 것이기 때문에, 각각 0.2, 0.5, 0.3과 같이 소수로 기입해 주자. 다음으로 디시전 트리 안의 모든 시나리오를 실제로 일어난다면 기쁘고 행복할 것 같다는 정도로 순위를 매기자.

이때의 요령은 각 선택지의 '대성공'의 시나리오를 비교해 보는 것이다. 가장 크게 성공했을 경우부터 기쁨의 순서를 파악하는 것이다. 계속해서 각 선택지에서 '중간성공'의 기쁨을 비교하고, '실패'의 기쁨을 비교하는 식의 방법으로 진행해 나가면 훨씬 정리하기가 쉽다. 물론 '대성공'의 선택지보다 '중간성공'의 선택지가 더 기쁜 경우도 있을 수 있다.

그리고 그 기쁨의 순위로 상대적인 기쁨 총합 즉, NPIV의 점수를 매겨 보자. 갑자기 점수를 매기는 것은 어려울 수 있지만, 순위가 정해져 있다면 생각보다 점수 정리가 쉽다.

앞의 장에서 말한 것처럼 복수의 가치판단 척도를 트레이드

H씨의 커리어에 대한 디시전 트리

커리어의 선택

현재의 회사에서 계속 일한다

기대치 20
= 0.1×50+0.3×30+0.6×10

이직한다

기대치 50
= 0.2×100+0.5×60+0.3×0

대성공   0.1   50

중간성공 0.3   30

실패   0.6   10

대성공   0.2   100

중간성공 0.5   60

실패   0.3   0

오프로 판단하면서, 종합적인 기쁨을 생각하여 확실하게 결정한다. 물론 어떤 순위의 항목이라도 여러 가지 상황에서 여러 번 검토하여 통합해야 한다는 점을 잊어서는 안 된다.

점수는 NPIV의 수치와 같다고 생각해도 무방하다. 점수가 클수록 상대적인 만족도가 높다는 생각만 기본으로 깔려 있다면 어떤 식으로 점수를 매기더라도 상관없다. 여기에 너무 고민하지 말라. 가장 만족스러운 시나리오를 100점, 가장 만족스럽지 않은 시나리오를 0점으로 하는 것이 일반적이다.

또한 이 단계에서는 각 시나리오를 부감(俯瞰)해서 바라보고 막연한 기쁨을 정하는 것이 아니라, 앞의 장에서 이야기한 T의 예처럼 복수의 가치판단 척도를 구체적이고 확고하게 의식하면서, 사색을 깊게 하면서 정량적으로 기쁨을 생각해 보도록 한다.

여기서 부감이란 말은 조감(鳥瞰)이라는 말과 비슷하다. 눈앞의 상황만 바라보는 것이 아니라 새처럼 높이 올라서 전체를 살피는 것을 말한다.

덧붙여, 여러 가지 방법으로 자신의 기분, 환경, 감정 등 처해진 모든 상황을 탐색하고 살피며 점수를 매기는 과정에서는 순위에 변동이 생겨도 상관없다.

선택지마다 기대치를 산출하라

주관적 확률과 상대적 기쁨 총합 NPIV의 점수가 정해지면, 거의 목표 지점에 도달했다.

계속해서, 주관적 확률과 NPIV를 합쳐서 구해지는 기대치, 즉 여러모로 일어날 수 있는 시나리오에 따른 기쁨의 '확률 가중치 평균' 기대치를 산출한다. 앞의 H의 예에서 '현재의 회사에서 계속 일한다'와 '이직한다'는 두 가지 선택지의 계산 순서를 설명해 보자. 세부 사항은 생략한다.

194쪽의 디시전 트리 그림을 보자.

먼저 선택지 '현재의 회사에서 계속 일한다'의 기대치를 구해 보겠다. 이 수치는 각각의 시나리오의 '주관적 확률×상대적 NPIV'의 합계이다. 이 경우는 $0.1 \times 50 + 0.3 \times 30 + 0.6 \times 10$이 되므로 기대치는 20이다.

같은 방식으로 선택지 '이직한다'의 기대치를 계산하면 $0.2 \times 100 + 0.5 \times 60 + 0.3 \times 0$이라는 식이 나오므로 답은 50이 된다.

POINT

주관적 확률과 앞으로의 기쁨 총합 NPIV의 수치화는 확률 가중치 평균의 기대치를 계산하기 위한 것이며, 이렇게 계산해서 나온 기대치는 의사 결정에 중요한 지표가 된다.

내면의 소리에 귀 기울이기

여기서 주의해야 할 것이 있다. '확률 가중치 평균'의 기대치는 그다지 정밀한 것이 아니라는 것이다. 원래 이 기대치를 구하기 위해서 이용하는 여러 가지 방법의 점수는 결국 확률에 대한 것과 기쁨의 수치에 대한 것이라는 차이점은 있지만, 어느 쪽이든 주관적인 것이므로 정밀하지는 않다. 그러므로 그것을 토대로 한 기대치 또한 정밀도가 높은 것은 아니다.

따라서 이것을 절대적인 것으로 생각하지 말고 기대치는 그 선택지의 기준이라고 생각하는 것이 좋겠다. 어디까지나 기대치와 리스크를 감안하여 최종적인 결단을 내리기 위한 하나의 지표인 것이다.

정밀하지 않다고 해서, H의 예와 같이 30점이나 되는 차이를 가볍게 생각하면 안 된다. 그것은 그만큼의 의미가 있는 차이를 보여주는 것이다. 또한 이 수치는 최종적으로 결단을 내리는 근거가 되기도 한다. 그렇다고 기대치가 큰 쪽의 선택지를 반드시 선택해야 하는 것은 아니므로 이 문제를 대하는 태도에 주의하자.

예를 들어 H의 경우 기대치만 비교했을 때 이직하는 경우가 크게 웃돌고 있다. 그렇기 때문에 이 선택지를 선택하는 경우, 실패의 시나리오가 30%의 확률로 일어날 수 있으며 그러한 미래까지도 받아들일 수 있는 각오를 했다는 것을 의미한다.

실패의 확률을 알면서도 '나는 가장 기쁜 시나리오를 놓치고 싶지 않아!'라고 생각하는 사람도 있는 반면, '가장 기쁘지 않은 시나리오대로 될 가능성은 피하고 싶기 때문에 다른 선택지를 택하겠어!'라고 생각하는 사람도 틀림없이 있을 것이다.

어떤 선택을 하더라도 확실하게 검토한 후의 결단이라면 결과가 어떻든 그 결단이 정답이며 질 높은 의사 결정이 될 수 있다. 다만 리스크의 크기나 다른 선택지를 채택할 때 그 나름의 기쁜 결과가 나올 가능성을 가시화하지 않고 단순히 '이직해서 대성공하는 것이 가장 기쁜 것이다!'라는 생각으로 의사 결정을 하거나, 반대로 '역시 걱정되니까 그냥 가만히 있자'라고 결정하는 것만은 피해야 한다. 그리고 그렇게 하지 않기 위한 지표가 이 기대치에 나와 있다.

이와 같이, 같은 기대치를 보아도 사람에 따라서 여러 가지 판단을 내릴 수 있지만, 애초에 의사 결정자가 바뀌면 기대치는 크게 달라진다. 왜냐하면 기대치 계산의 기초가 되는 주관적 확률이나 NPIV는 사람에 따라 다르기 때문이다. H의 커리어 선택을 예로 들어 말하자면, 이직을 하는 경우의 대성공 이외에는 NPIV가 거의 0점에 가깝게 나오는 진취성이 넘치는 사람이나 모험심이 충만한 사람도 있을 것이다.

기대치는 절대적인 것이 아니다. 기대치가 높다고 해서 무조건 정답이 되는 것은 아니다. 그에 따른 리스크도 충분히 극복할 수 있는 선택지야말로 최고의 의사 결정이다.

아사다 마오를 시뮬레이션하다

마지막으로, 디시전 트리를 이용하여 각 선택지의 기대치까지 계산한 예를 한 가지 소개하겠다.

이번 그림은 2014년 소치 동계 올림픽 여자 피겨 스케이팅 개인전에 출전한 아사다 마오의 프리 프로그램 연기에 관한 디시전 트리이다. 이것은 올림픽 본선 한 달 반 전에 사토 노부오 코치가 아사다에 대해서 "허리의 상태에 불안한 점이 있어 최종적으로는 당일 컨디션과 경기 직전의 훈련 결과를 보고 연기 내용을 결정하겠다"고 말한 신문 기사를 읽고 나서 만든 시뮬레이션이다.

쓸데없는 참견인 줄 알지만, 필자 임의로 당일의 의사 결정을 숙단사고의 관점으로 사전에 시뮬레이션해 본 것이다. 이 내용은 다이아몬드 사의 『하버드 비즈니스 리뷰』라는 비즈니스 잡지의 웹사이트에도 게재되어 있다.

사토 코치는 기본적으로 아사다 마오가 매우 정성을 들이고 있는 난이도 높은 점프 기술인 트리플 악셀에 도전하고 싶었다. 그러나 상황에 따라서는 트리플 악셀을 제외하고 프로그램에 임할 가능성도 생각하고 있었다. 물론 이런 선택을 위한 검토는 본 경기 전에 하게 된다. 기억하시는 분들도 많겠지만 실제 결과를 알려드리자면, 아사다 마오는 쇼트 프로그램에서 넘어지는 실수가 잇따라 16위로 크게 뒤처지고 말았다. 그러나 프리 프로그램에서는 트리플 악셀을 포함한 여섯 가지 종류의 3회전 점프를 모두 성공해 내며 자기 기록을 갱신하는 뛰어난 연기로 최종 순위 6위로 끝이 났다. 기록은 성공적이지 않았지만 그녀의 도전 정신이 기억에 남는 경기였다.

POINT

일상생활에서 접할 수 있는 일들을 습관적으로 숙단사고의 관점에서 시뮬레이션해 본다면 자신이 실제로 의사 결정에 직면했을 때 좀 더 편하고 쉽게 접근할 수 있다.

프리 프로그램의 기대치를 산출하다

필자가 이 의사 결정의 시뮬레이션에서 설정한 검토의 전제조건은 다음과 같다.

- 아사다 마오는 컨디션의 회복 및 트리플 악셀 성공률을 높이기 위해 노력하고 있지만, 동시에 트리플 악셀에 도전하지 않는 경우의 프로그램 연습도 진행 중이다. 경기 직전 연습을 마친 후에 '트리플 악셀 도전', '트리플 악셀 회피'라는 선택 사항 중에서 어떤 것을 선택하더라도 상관없을 만큼 만반의 준비를 마쳤다.
- 후에 치른 올림픽 본선 쇼트 프로그램에서는 트리플 악셀로 착지하는 데 성공해서 기본 점수를 확보했으며 각 요소에 대해 심판의 가산점을 얻지 못한 채 순위는 2위에 머물렀다. 1위와의 차이는 근소한 차이라고는 할 수 없지만, 프리 프로그램의 결과가 좋다면 충분히 금메달을 얻을 수도 있는 사정권에 있다.

그리고 프리 프로그램 연기 당일의 상황은

- 허리 상태가 여전히 나쁘지만 트리플 악셀을 뛸 수 없을 정도는 아니다.
- 경기 직전의 연습에서 총 5회의 트리플 악셀을 뛰었다. 1회 때는 회전과 착지가 완벽했으나 2회 때는 착지에서 넘어졌다. 실제 경기였더라면 감점이 있었을 것이다.

이처럼 아사다 마오와 사토 코치는 '트리플 악셀 도전'과 '트리플 악셀 회피' 중 어느 쪽을 선택할 것인가라는 판단하기 힘든 의사 결정에 직면해 있었을 거라고 가정하고 이 일을 정리해 보자.

앞의 디시전 트리를 보면 '트리플 악셀 도전'과 '트리플 악셀 회피'라는 두 가지의 선택 사항에 각각 두 가지의 불확실 요인이 존재한다. 한 가지는 대성공, 중간성공, 실패의 세 가지로 나눌 수 있는 '연기의 정도', 또 경쟁하는 다른 선수의 결과도 좌우하는 금메달 획득의 성패인 '최종적인 성적'이다.

즉, 각각의 선택 사항별로 시나리오는 3(대성공, 중간성공, 실패)×2(금메달 획득의 성패)의 6개가 존재하며, 디시전 트리에서는 12개의 시나리오가 존재한다.

참고로 불확실 요인이 복수인 경우는 각각을 불확실 요인별로 확률분포를 살피고 곱하기를 하여 각 시나리오의 최종적인 주관적 확률을 구할 수 있다. 그 결과로(어디까지나 필자가 정한 주관적 확률로 계산한 것이지만) '트리플 악셀 도전'에서 가장 확률이 큰 시나리오는 '⑥ 연기를 실패하여 금메달을 놓친다'이며 '트리플 악셀 회피'에서 가장 확률이 큰 시나리오는 '⑧ 연기는 대성공하지만 금메달을 놓친다'는 것임을 알 수 있다.

이어서, 기쁨의 순위와 상대적 NPIV의 점수를 매겨 보자.

이번 의사 결정에 있어서 아사다 마오의 가치판단 척도는

아사다 마오의 디시전 트리

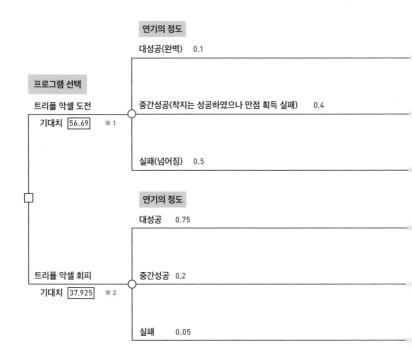

프로그램 선택

트리플 악셀 도전
기대치 [56.69] ※1

연기의 정도
대성공(완벽) 0.1
중간성공(착지는 성공하였으나 만점 획득 실패) 0.4
실패(넘어짐) 0.5

트리플 악셀 회피
기대치 [37.925] ※2

연기의 정도
대성공 0.75
중간성공 0.2
실패 0.05

※1= 0.09×100+0.01×85+0.12×95+0.28×48+0.05×80+0.45×40
※2= 0.225×65+0.525×35+0.04×60+0.16×15+0.0025×50+0.0475×0

성적 (금메달획득여부)			시나리오 확률	기쁨의 순위	상대적 NPIV
대성공	0.9	①	0.09	1	100
실패	0.1	②	0.01	3	85
대성공	0.3	③	0.12	2	95
실패	0.7	④	0.28	8	48
대성공	0.1	⑤	0.05	4	80
실패	0.9	⑥	0.45	9	40
대성공	0.3	⑦	0.225	5	65
실패	0.7	⑧	0.525	10	35
대성공	0.2	⑨	0.04	6	60
실패	0.8	⑩	0.16	11	15
대성공	0.05	⑪	0.0025	7	50
실패	0.95	⑫	0.0475	12	0

'특기인 트리플 악셀에 도전', '트리플 악셀 도전이나 회피에 상관없는 연기의 완성도', '밴쿠버 동계 올림픽에서 획득 못했던 금메달의 획득 성패'의 세 가지였다고 생각한다.

기쁨 총합 NPIV는 이 세 가지의 가치판단 척도에 대한 합으로 생각하였다.

우선은 기쁨의 순위부터 생각해 보자. 트리플 악셀에 도전하는 경우, 금메달을 획득하는 시나리오 세 가지 중에서 연기의 수준이 좋은 쪽이 기쁨 총합 NPIV도 클 것이다. 금메달을 획득하지 못한다는 시나리오에서도 마찬가지이다. 그리고 연기의 수준이 평소와 같다면 금메달을 따는 편이 당연히 더 기쁘다.

그리고 일본 국민의 기대를 한 몸에 받고 있는 아사다 마오이기에 트리플 악셀에 도전하여 얻는 성취감보다는 금메달을 땄을 때의 기쁨이 기본적으로 더 클 것이라고 생각했다. 단, 연기는 실패하더라도 라이벌 선수의 실수로 금메달을 따는 시나리오보다는, 연기는 대성공으로 끝났지만 금메달은 놓치는 시나리오가 기분은 좀 더 나을 것이라고 생각했다.

그래서 ②가 ⑤보다 상위인 3위가 되었다.

트리플 악셀을 회피할 경우는, 트리플 악셀에 도전해서 얻는 성취감은 처음부터 단념한 것이 되므로 ②에서 상정한 기쁨은 없을 것이며, 금메달을 획득하는 기쁨만을 우선시할 것이다. 그리고 같은 금메달인 경우에는 연기의 수준이 높은 정도가 기쁨의 우선순위가 될 것으로 가정해 봤다.

상대적 NPIV의 점수에 대해서는 생략하기로 하자. 이렇게 주관적 확률과 기쁨 총합 NPIV를 합쳐서 선택 사항의 기대치를 구할 수 있다.

'트리플 악셀 도전'의 경우, 기대치는 $0.09 \times 100 + 0.01 \times 85 + 0.12 \times 95 + 0.28 \times 48 + 0.05 \times 80 + 0.45 \times 40 = 56.69$가 된다. 같은 방법으로 '트리플 악셀 회피'의 기대치를 구하면 37.925가 된다. 참고로 여기서는 독자 여러분이 계산 논리를 더듬어 검산할 것을 생각하여 계산한 그대로의 결과를 소수점 이하까지 꼼꼼히 표시했지만, 앞에서 말한 바와 같이 이것은 처음부터 정밀한 수치는 아니기 때문에 소수점 이하는 반올림해도 관계없다.

POINT

기대치의 계산은 '주관적 확률×상대적 NPIV'의 총합이며 이 수치는 절대적인 것이 아니므로 점수가 높은 것이 반드시 옳은 결정이라고 할 수는 없다.

최후의 결단, 최고의 결정

디시전 트리로 기대치를 구하는 방법은 이제 충분히 설명했다. 앞의 예는 어디까지나 이해를 위한 것이며 이미 소치 동계 올림픽의 결과는 여러분 모두 알고 있을 것이다.

하지만, 여러분이 숙단사고를 할 때 최종 결정의 단계에 참고가 되었으면 하는 바람으로 다시 한 번 앞에서 예로 든 디시전 트리를 통해서 알 수 있는 것과 필자의 생각에 대해서 가볍게 설명해 보도록 하겠다.

기대치는 '트리플 악셀 도전'의 기대치가 '트리플 악셀 회피'의 약 1.5배(=56.69÷37.925)로 상당히 높다. 금메달 획득의 주관적 확률은 ① + ③ + ⑤(=0.26)와, ⑦ + ⑨ + ⑪(0.2675)을 비교했을 때 거의 같다. '트리플 악셀 회피'가 근소하게 앞서고 있지만 양쪽 모두 26%로 결코 높은 확률은 아니다. 또한 앞서 이야기한 바와 같이, 각각의 선택 사항에서 가장 확률이 높은 시나리오는 ⑥과 ⑧로, 둘 다 금메달에 실패하는 시나리오이다.

이렇게 생각해 보면, 어떤 선택을 하더라도 금메달 획득에는 실패하기 때문에 '역시 트리플 악셀을 포기하고 금메달을 노렸어야 했다', '어차피 금메달을 못 딸 것이라면 트리플 악셀에 도전해 볼걸' 하는 외부의 목소리가 높을 수도 있다. 필자는 이런 경우 솔직히 말하자면, 기쁨이 크다고 생각되는 시나리오가 많고 기대치도 높으며 금메달 획득의 가능성 차이가 1% 이하인 '트리플 악셀 도전'을 선택해야 한다고 생각한다.

물론 실제로 아사다 마오가 트리플 악셀을 도전한 것은 디시전 트리에 의한 검토와 아무런 상관이 없다.

필자가 설정한 전제 조건과는 큰 차이가 있어, 본 경기의 쇼트 프로그램에서는 유감스럽게도 금메달 획득이 상당히 어려워지게 되는 결과가 나왔다. 그로 인해 아사다 마오와 사토 코치는 외부의 압박에서 자유롭게 '미련 없이 있는 그대로 즐기자'라는 결론을 내려서 트리플 악셀을 포함한 프로그램에 도전하는 결단을 내리지 않았을까 생각해 보는 것이다.

그러므로 필자의 분석과 실제의 연기에는 연결 고리가 없다. 실제의 결과를 무시하고 필자가 만든 디시전 트리만을 본다면, "아사다 마오도 이 디시전 트리와 같은 방법으로 의사 결정을 내렸겠지"라고 생각하시는 분도 있을 것이다. 어쨌든 정말 중요한 것은 최고의 결정, 최후의 결단을 내리는 것이다. 기대치에 끌려 다니지 않고, 또한 결과만을 보고 일희일비하거나 비판하는 일 없이, 현명하고 품질 높은 의사 결정을 내리기 위한 보조 도구로서 디시전 트리를 활용해야 한다는 것을 기억하시기 바란다.

여기까지의 내용을 충분히 이해해서 여러분 자신의 문제에 적용하여 올바른 숙단사고를 할 수 있다면, 반성은 있을 수 있지만 후회는 하지 않는 만족도 높은 적합한 의사 결정을 내릴 수 있지 않을까?

POINT

디시전 트리는 의사 결정의 품질을 높이기 위한 보조 도구이다. 결론은 후회 없도록 최선을 다해 본인이 내려야 한다.

CASE STUDY   실전 상담 최종화

상황 개요 1

앞에서 나미노의 커리어에 대해 최종적인 의사 결정에 이용할 디시전 매니지먼트의 패턴을 모두 설명하였다. 나미노의 숙제였던 각 선택 사항의 시나리오에 대한 확률분포의 해설은 다음에 나올 표와 같다.

이시무로의 조언

그동안 앞에서 설명한 검토 사항들이 제대로 반영되었고 시나리오 또한 누락 사항 없이 잘 적혀 있다. 간단한 설명만으로 이렇게 디시전 트리를 잘 만들어 낸 것에 감탄하고 있다.

단, 신경 쓰이는 부분이 있다면 사내 벤처 제도에 응모하여 실패한 후, '지금의 부서에서 계속 일한다'라는 선택 사항에 대한 확률분포의 해설이 달라져 있다는 점이다.

스즈키 부장이 안 된다고 거절한 기획을 나미노가 사내 벤처 제도에 제출한다면, 응모에서 떨어진 후 상품개발부로 돌아오더라도 부장이 좋지 않게 생각할 가능성이 있으며, 그 자체는 올바른 판단이라고 생각한다. 그러나 한편으로는, 사내 벤처 제도에 응모하여 채택되지 못했을 때의 또 다른 도전으

나미노의 디시전 트리 ①

커리어에 대한 의사 결정

현재 부서에서 계속 일한다
· 자신의 업무의 수준과 질을 높인다
· 상사와의 관계를 연구하여 정중히 대한다

상사와의 관계 개선
대성공 0.3
중간성공 0.7

사내 벤처 제도에 응모한다
· 사업구상의 구체화 및 사업 계획서 만들기
· 눈여겨보고 있는 동료나 브랜드에 손을 쓴다
· 채택된다면 성공을 위해 최대한 노력한다

응모 채택 여부
대성공 0.25
실패 0.75

사업의 성공 정도
대성공 0.2
중간성공 0.4
실패 0.4

채택 실패시 의사 결정
현재 부서에서 계속 일한다

독립하여 사업한다

독립하여 창업한다
· 사업 계획서 작성 후 금융기관과 상담
· 성공 가능성이 있는 브랜드와 교섭한다
· 가족의 협력을 얻기 위해 노력한다

사업의 성공 정도
대성공 0.05
중간성공 0.2
실패 0.75

재취업의 성공 정도
대성공 0.4
중간성공 0.4
실패 0.2

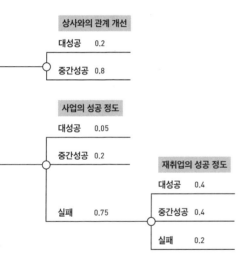

상사와의 관계 개선

대성공　0.2

중간성공　0.8

사업의 성공 정도

대성공　0.05

중간성공　0.2

재취업의 성공 정도

대성공　0.4

중간성공　0.4

실패　0.75

실패　0.2

로 '독립하여 창업을 한다'는 선택 사항의 사업 성공 시나리오 또한 실패로 끝났을 때 재취업 활동 시나리오의 확률분포의 차이가 '처음부터 독립하여 창업을 한다'는 선택 사항의 경우와 별다른 차이가 없다는 점이 신경이 쓰인다. 이걸로 괜찮을지를 검토해 봐야 한다.

나미노의 주관적 확률

나미노는 사내 벤처 제도에 응모해서 실패했을 경우에 대해서도 재고하고 있었다. 지금의 부서에서 계속 일한다는 선택 사항의 주관적 확률에 관해서는 이시무로의 진단 그대로였다. 한편, 재도전해서 독립하여 창업을 한다는 선택지에서의 주관적인 확률에 대해서는 다음과 같이 생각하기로 하였다.

먼저, 사내 벤처 제도에서 채택되지 못한 배경에는 사업 계획이 안일한 점, 즉 처음부터 독립하여 창업을 하는 경우와 비교했을 때 아무래도 진지함이 결여될 수 있다고 여겨질 수도 있다. 그 점에서 마이너스가 있을 수 있으나 그렇게 되기까지 해 왔던 준비와 사전 교섭은 획득 자산이 될 것이며, 재도전했을 때 그때까지의 학습 결과로 긍정적인 면이 기대된다. 그러므로 플러스마이너스 제로로, 처음부터 독립하여 창업을 하는 경우와 같은 주관적 확률의 분포가 될 것이라고 판단했다.

재도전으로 독립해서 창업을 하는 것이 실패로 끝났을 때의 재취업 시나리오 또한, 재취업을 할 때까지의 경위에 따라 자신에 대한 외부의 평가가 달라진다고 단언할 수 없기 때문에 숫자는 그대로 두는 것이 좋다고 생각했다.

이시무로가 생각했을 때 사업에 성공할 가능성의 진단이 안일하다고 평가할 수는 있지만, 나미노 나름대로 근거 있는 도전이라고 생각한다. 결국 이시무로도 이 확률분포의 해석에 동의해 주었다.

상황 개요 2

이어서 또 다른 숙제였던, 사내 벤처 제도에 응모하여 채택되는 다음 10개의 시나리오에 대해, 기쁨의 순위와 상대적인 NPIV의 점수를 매긴 것을 확인하였다.(218쪽 참고)

사내 벤처에 응모한 것이 채택되었다고 가정한 경우의 시나리오

- 지금의 부서에서 계속 일할 경우

· 대성공

· 실패

- 사내 벤처 제도에 응모할 경우

· 대성공

· 중간성공

· 실패

- 독립하여 창업을 하는 경우

· 대성공

· 중간성공

· 실패 → 재취업의 대성공

· 실패 → 재취업의 중간성공

· 실패 → 재취업의 실패

이시무로의 조언

주관적 확률에 대해서는 이성적으로 생각했는지 여부를 확실히 하기 위해 확인했지만, NPIV에 대해서는 스스로의 열정이나 철학적 의미의 가치관이 반영되었다면 문제는 없다.

왜 사내 벤처 제도에서 채택되는 경우에 대해서만 이 작업을 시켰는지 그 이유에 대해 설명하자면, 단순히 사업 성공만을 생각하여 사내 벤처 제도로 사업을 하게 되는 경우 순수한 기쁨의 정도를 확인할 수 있기 때문이다.

이번 케이스와 같이, 시나리오에서 새로운 의사 결정 항목이 생기는 복잡한 구성의 디시전 트리가 만들어질 경우, 그 새로운 가지들도 포함해서 종합적으로 한꺼번에 생각하는 것이 가능하다. 그러나 나미노의 경우는 같은 사업을 '사내 벤처 제도에 몰두한다'는 선택지과, '독립하여 창업에 몰두한다'는 선택지를 가지고 있기 때문에 그 둘의 선택사항의 본질적인 기쁨이 어느 정도 다른 것인가를 이해하는 것이 최종적인 의사 결정의 중요한 판단 재료가 될 것이라고 생각한다.

이것을 판단한 후에 계산한 세 가지 선택지의 기대치를 비교해 보면(218쪽의 디시전 트리 참고) 사내 벤처 제도의 기대치가 가장 크다('사내 벤처'가 70인 것에 비해, '지금의 부서'가 45, '독립하여 회사를 세운다'가 30). 기대치는 어디까지나 각

나미노의 디시전 트리 ②

커리어에 대한 의사 결정

현재 부서에서 계속 일한다
기대치 합계 45
=0.3×80+0.7×30

상사와의 관계 개선

대성공 0.3/24

중간성공 0.7/21

응모 채택 여부

대성공 1.0

(응모가 채택된다고 가정)

사업의 성공 정도

대성공 0.2/18

중간성공 0.4/28

실패 0.4/24

채택 실패시 의사 결정

현재 부서에서 계속 일한다 (A)

독립하여 사업한다 (B)

사내 벤처 제도에 응모한다
기대치 합계 70
=0.2×90+0.4×70+0.4×60

독립하여 창업한다
기대치 합계 30
=0.05×100+0.5×50+0.75
×(0.4×40+0.4×10+0.2×0)

사업의 성공 정도

대성공 0.05/5

중간성공 0.2/10

실패 0.75/15

재취업의 성공 정도

대성공 0.4/16

중간성공 0.4/4

실패 0.2/0

218

※불확실성 시나리오의 가지에서 (○/○)표시는,
전자가 확률, 후자가 계산한 기대치

	기쁨의 순위	상대적 NPIV
	3	80
	8	30
	2	90
	4	70
	5	60

상사와의 관계 개선

대성공 0.2/16

중간성공 0.8/24

사업의 성공 정도

대성공 0.05/7.5

중간성공 0.2/18

재취업의 성공 정도

대성공 0.4/24

실패 0.75/31.5

중간성공 0.4/16

실패 0.2/2

	기쁨의 순위	상대적 NPIV
	1	100
	6	50
	7	40
	9	10
	10	0

각의 선택지의 장점을 나타내는 참고 수치이므로 이것으로 모든 게 결정되는 것은 아니지만, 다른 두 가지와 비교했을 때 이만큼 사내 벤처 제도에서 채택된 경우의 기대치가 높다면 의미있는 차이라고 생각해도 좋을 것이다.

나미노의 회사에 대한 평가

나미노 자신의 NPIV 점수를 매겼을 때, 지금의 부서에서 계속 일하는 경우의 대성공 시나리오가 80점인 것을 보고 '나는 도대체 회사를 얼마나 좋아하는 거야?!'라고 의아해 할 수도 있다. 그러나 기대치가 가장 높았던 사내 벤처가 독립하여 창업을 한다는 선택지보다 압도적으로 점수가 높았던 것과 '지금의 부서에서 계속 일한다'의 기대치가 두 번째로 높다는 것 또한 놀라운 발견이자 자각이었다. 이 결과를 포함해서 최종적인 의사 결정을 하게 되었다.

최종적인 의사 결정

최종적인 의사 결정에서는 아직 생각하고 있지 않은 사내 벤처 제도 응모가 채택되지 않았을 경우의 의사 결정 항목에서 파생되는 시나리오의 NPIV를 추정하였다.(222쪽 참조)

여기에서는 앞에서 언급한 '사내 벤처에 응모한 것이 채택되었다고 가정한 경우'의 10개의 시나리오에 점수를 매길 때와는 달라진다. 지금까지 생각한 NPIV와의 상대적 기쁨을 비교하여 100점 이상이나 0점 이하로 점수를 매겨도 좋다.

나미노가 검토한 결과, 사내 벤처 제도에 응모는 채택되지 않았지만, 재도전으로 독립해서 창업을 하는 데 성공한다면, 나쁘게 들릴 수 있지만 '보란 듯이 해냈다'라는 느낌이 없지 않아 있다. 또한 창업에 실패해서 재취업 활동을 해야 하는 경우에, 그동안의 경험이나 활동을 평가받아 운 좋게 재취업을 할 수 있게 된다면 굉장히 기쁠 것이므로 큰 점수를 받았다.

나미노는 여기서 먼저 한 가지의 의사 결정을 해야 한다. 시나리오에서 발생하는 새로운 의사 결정 항목은 복수의 불확실 요인이 존재하는 시나리오처럼 각각의 기대치를 계산하거나 합치거나 하지 않아도 되며 A와 B의 선택지 중 어떤 것을 선택할지에 대한 판단만 하면 된다. 그렇다고 해서 이 의사 결정을 즉단즉결해서는 안 된다. 나미노가 여러모로 심사숙고하여 어떤 시나리오에 150점을 주었는데 그 기대치 또한 약 1.5배(=57÷40)였다. 그것은 바로 '독립하여 창업한다'는 시나리오였다.

결과, C의 수치는 57×0.75=42.75였고 사내 벤처 제도에 기획이 통과된 경우의 70(=18+28+24)×0.25=17.5를 더한 D의

나미노의 디시전 트리 ③

	기쁨의 순위	상대적 NPlV
	5	80
	13	30
	3	90
	7	70
	8	60

상사와의 관계 개선

대성공　0.2/16

	5	80

중간성공　0.8/24

	13	30

사업의 성공 정도

대성공　0.05/7.5

	1	150

중간성공　0.2/18

	3	90

재취업의 성공 정도

대성공　0.4/24

	8	60

실패　0.75/31.5　　중간성공　0.4/16

	11	40

실패　0.2/2

	15	10

	2	100
	10	50
	11	40
	15	10
	17	0

기대치 합계는 60.25였다.

최종적인 의사 결정, 이시무로의 조언

수치의 차는 줄어들었지만 역시 사내 벤처의 기대치가 가장 높았다.

그러나 앞에서 말한 바와 같이 이 기대치는 '확률 가중치 평균'이며, 이 의사 결정을 몇 천 번, 몇 만 번이나 했을 때의 상대적 NPIV의 평균치라고 생각된다. 이번의 의사 결정이 일회성이기 때문에 단순한 하나의 지표에 불과하다고 생각하지 말고, 자신의 마음의 소리에 귀 기울이기 바란다.

처음부터 독립해서 창업을 한다는 시나리오를 생각했을 때, 만약 5%의 확률이라도 '100점 만점의 시나리오를 포기하는 것은 싫다'고 생각하는 사람도 있고, 반대로 그 선택지를 선택하는 것은 '독립하여 창업을 하는 것의 실패' → '재취업 활동도 실패'라는 0점 시나리오가 현실화 될 수 있는 15%의 가능성을 받아들인다는 이유로 독립하여 창업을 피하는 사람도 있을 것이다.

이처럼 '이것을 선택하면, 저 대성공 시나리오를 놓아 버릴 수가 있다. 반대로 이것을 선택하면 실패의 시나리오를 받아들여야 한다'라고 생각해 보면, 자신이 정말로 원하는 것이 무엇인지를 보다 쉽게 알 수 있게 될 것이다.

나미노의 최종 결정

나미노는 최종적으로 사내 벤처 제도에 응모하기로 결정했다.

다카스기 상사에서 편집숍을 성공시키고 싶다는 생각이 강하기도 했지만, 또 다른 이유는 사내 벤처를 선택하여 기획이 채택되지 않는다면 새로이 지금의 부서에서 일할 것인가, 독립해서 창업을 할 것인가에 대해 다시 한 번 심사숙고 할 수 있는 기회가 있기 때문이다.

나미노는 "도전도 하고 싶고, 도망갈 곳도 필요하다는 비겁한 생각일지는 몰라도……"라고 부끄러운 듯이 말했지만, 이시무로는 훌륭한 숙단사고라며 그 판단에 박수를 보냈다.

맺음말

필자가 도쿄 대학에 진학해 수학의 한 분야인 해석학 수업을 들을 때의 일이다. 교수가 갑자기,

"나는 학생일 때, 수업에는 들어가지 않고도 수학책을 읽을 수 있었다네. 여러분들은 여러분들 나름대로 자신의 두뇌에 자부심이 있어서 수학자가 되고 싶을지도 모르겠으나, 이런 수업에 나오는 것부터가 이미 잘못된 거야. 이걸로 수학자가 될 수 있다고 생각한다면 큰 착각이야"라고 말했다.

그 착각쟁이들 중 한 명이었던 필자는 큰 충격을 받았지만 한편으로는 납득이 되는 부분도 있었다. 여러 분야 중에서도 특히 수학은 천재들 말고는 살아남을 수 없는 가혹한 세계이다. 위대한 수학자 레온하르트 오일러(Leonhard Euler)는 양쪽 눈을 실명하고 나서도 죽는 그날까지 연구를 계속했다고

한다. 수학은 정말 호흡하는 것처럼 수학을 할 수 있는 사람이 아니라면 할 수 없는 분야라고 생각한다. 그런 세계에서 살면서 바로 지난 번 시험에서 거의 낙제점에 가까운 점수를 받았던 필자는 '천재가 나를 본다면 말도 안 되는 점수라고 하겠지?'라고 한탄할 수밖에 없었다.

그 후로도 필자는 스탠퍼드 대학과 맥킨지 앤드 컴퍼니에서 천재들의 벽에 몇 번이나 부딪히고 깨졌지만, '보통 사람도 할 수 있는 일은 얼마든지 있다'라는 생각을 가지고 지금까지 살아왔다. 나 혼자였더라면 이런 생각은 불가능했을 것이다. 스탠퍼드에서 로널드 하워드 교수를 만나고 그 후에 그가 창립한 회사에서 함께 일하며 숙단사고의 본체인 디시전 매니지먼트를 익힌 것, 맥킨지에서 지금의 컨설팅의 기반이 되는 매니지먼트나 논리 사고의 기본을 철저하게 훈련한 것, 그리고 천재들만 있는 환경에서 지내면서 나는 지극히 보통 사람이라는 사실을 직시했던 것. 이런 경험들이 없었다면 스스로를 천재라고 착각하여 망상에 빠져 있든지, 아니면 "나 같은 보통 사람은 어차피 큰 일은 해낼 수 없어"라고 포기하고 불평하며 살든지, 어느 쪽이든 별로 밝지 않은 미래가 기다리고 있었을 것이다.

필자를 포함해서 평범한 보통 사람들은 스스로가 보통 사람이라는 사실을 인정하지 못한 채 천재를 바라보고 동경할 때가 있다. 그러나 지금은 '중요한 과제를 즉단즉결하는 바람에 큰 상처를 입는 일'이 없는 만큼, 오히려 '보통 사람도 숙단사고가 가능하다면 천재에게 지지 않는다'는 생각으로까지 발전하게 되었고, 클라이언트들에게 컨설팅을 해 주면서 필자의 숙단사고는 매일 발전하고 있다.

예를 들어, 어떤 기업에서는 디시전 매니지먼트 전담팀을 두고 약 20년 동안 사내 전략 과제에 이용하여 '성실하고 진지한 보통 사람들'의 의견을 모아 착실히 업적을 향상시키는 것과 함께 전략적 조직 능력도 향상시키고 있다. 그리고 이 기획을 포함하여 연구나 컨설팅에서 도움이 되는 숙단사고에 다수의 의견을 모으고 있는 기업도 많다.

일부에서는 "한 사람의 천재적인 경영자의 강한 리더십 아래, 대담하게 개혁을 진행하고 그로 인한 업적 성장이 눈부시다"라는 뉘앙스로 말하기도 한다. 하지만 성실하고 진지한 보통 사람의 지성과 의욕과 협동에 의해 업적 향상이 가능하다는 것을 필자는 알고 있다. 그 때문에 최근 몇 년간 '숙단사고가 가능한 보통 사람이 집단을 이루었을 때의 장점'에 대한 태도가 바뀌고 있다. 진정으로 기업이나 사회를 변화시키는 힘은 한 사람 한 사람의 단독의 힘만으로 가능한 것이 아니다. 회사의 프로젝트와 같이 많은 사람의 힘을 하나로 묶어야만 가능한 것이다.

이 책에서 개인이 의사 결정을 하는 데 필요한 요소는 잘 전달되었다고 생각한다. 다수의 인원이 의사 결정에 관여하더라도 사고 방법의 기본 바탕은 바뀌지 않는다. 하지만 각각의 가치판단 척도에 차이가 있기 때문에 보다 주의 깊게 숙단사고를 진행하기 위해서 필요로 하는 몇 가지 포인트가 생기기 마련이다. 그러나 여기서는 개인의 결단을 중심으로 해설했기 때문에 집단의 의사 결정에 대한 설명은 충분하지 않다.

그럼에도 개인의 의사 결정을 확실히 하지 않고 집단 의사 결정을 다룬다면 필자가 가장 이야기하고 싶었던 기본 중의 기본이 제대로 전달되지 못할 것이라고 생각했기 때문에 어쩔 수가 없었다.

기회가 된다면 이 책을 개인편으로 하고 집단편에 해당하는 또 다른 책으로 여러분을 다시 찾아 뵐 수 있기를 벌써부터 희망하고 있다.

이 책은 필자가 컨설팅으로 교류하는 클라이언트 분들과의 마음과 마음의 논의를 통해 얻은 본질과 키워드를 바탕으로 쓴 것이다. 이것으로 조금이나마 디시전 매니지먼트 '본연의 의도'를 독자 여러분께 전할 수 있을 것이라고 생각한다. 개별적으로 이름을 올리는 것은 피하겠지만, 다시 한 번 진심으로 감사의 말씀을 드린다.

집필에는 주식회사 크로스미디어퍼블리싱의 하세가와 료 씨, 요시다 린야 씨, 고바야카와 고이치 사장님께 많은 신세를 졌다. 내용의 책임은 필자에게 있지만 편집자의 힘이 없었더라면 이 책은 완성할 수 없었을 것이다. 이분들의 협력이 있었기에 독자 여러분이 숙단사고를 이해하는 포인트가 필자가 처음에 생각했던 것보다도 더 선명해졌다.

무엇보다도 마지막까지 읽어 주신 독자 여러분께 가장 큰 감사를 전하며 펜을 내려놓는다.

옮긴이 **권누리**

1986년 서울에서 태어났다. 일본 벳푸 대학 국문학과를 졸업했다.
현재 한중일비교문화연구소 연구지원부장이다. 한중일 삼국의 비
교 문화와 관련 주제에 대한 연구를 계속하고 있다. 『50대 이후의
지적 생활』(근간)을 번역했다.

숙단사고

스탠퍼드처럼 생각하고
맥킨지처럼 행동하라

2015년 10월 15일 초판 1쇄 발행

지은이 고모리야 구니오
옮긴이 권누리
펴낸이 우찬규, 박해진
펴낸곳 도서출판 학고재(주)

주 소 서울시 마포구 양화로85(서교동) 동현빌딩 4층
전 화 편집 02-745-1722 영업 070-7404-2810
팩 스 02-3210-2775
홈페이지 www.hakgojae.com

ISBN 978-89-5625-293-3 03320